Oldenbourg
Unterrichtsmaterial Literatur

Herausgegeben von
Dieter Wrobel

Heinrich von Kleist
Michael Kohlhaas

Kopiervorlagen und Module für Unterrichtssequenzen

Verfasst von Tilman von Brand und Jörg Scherz

Die Versangaben in Klammern beziehen sich auf folgende Ausgabe:
Heinrich von Kleist, Michael Kohlhaas. Oldenbourg Textausgaben, München: Oldenbourg Schulbuchverlag 2009

Bibliografische Information der Deutschen Nationalbibliothek:
Die Deutsche Nationalbibliothek verzeichnet diese Publikation in der Deutschen Nationalbibliografie; detaillierte bibliografische Daten sind im Internet über http://dnb.ddb.de abrufbar.

Das Papier ist aus chlorfrei gebleichtem Zellstoff hergestellt, ist säurefrei und recyclingfähig.

1. Auflage 2009
Druck 13 12 11 10 09
Die letzte Zahl bezeichnet das Jahr des Drucks.

Umschlagkonzept: Mendell & Oberer, München
Umschlaggestaltung und -bild: Erasmi + Stein, München
Layoutentwurf: Almut Jegodtka
Lektorat: Katja Hohenstein, Wiebke Herrmann (Assistenz)
Herstellung: Cornelia Colditz
Satz: jürgen ullrich typosatz, Nördlingen
Druck und Bindung: Schneider Druck GmbH, Rothenburg ob der Tauber

ISBN 978-3-637-00796-3

Inhalt

Vorwort

Der vorliegende Band zu MICHAEL KOHLHAAS umfasst zwei Teile: 10 Module für die Unterrichtssequenzen und die dazugehörigen Kopiervorlagen. Beide Teile sind miteinander verzahnt, das heißt, in den einzelnen Modulen wird vorgeschlagen, wann und wie Sie die Kopiervorlagen einsetzen können.

Der Ablauf der Module sieht keine chronologische Beschäftigung mit der Erzählung vor. Zudem stellen die angebotenen Kopiervorlagen – wie sollte es anders sein? – nur *Angebote* für Ihren Unterricht dar, die Sie beliebig auswählen und kombinieren können. Gleichwohl halten wir die Abfolge für stringent: Zu Beginn der Unterrichtsreihe stehen Module, mit denen zunächst der Handlungsverlauf nachvollzogen und gesichert werden kann und solche, die sich sehr nahe am Text bewegen. Dies ist bei MICHAEL KOHLHAAS von großer Bedeutung, da die Lektüre doch für die meisten Leser recht schwer ist. In den folgenden Modulen werden Fragen der Gestaltungsweise, der literaturwissenschaftlichen Einordnung sowie unterschiedliche Möglichkeiten einer Gesamtdeutung thematisiert. Das letzte Modul dient abschließend dazu, die Figur Michael Kohlhaas als Deutungsmuster zu installieren, um Verhaltensweisen bis in die Gegenwart damit benennen zu können. Zentrales Ziel der hier vorgelegten Kopiervorlagen ist also nicht nur eine aspektreiche Erschließung des Werkes als abgeschlossenes Produkt, sondern vielmehr das Verfügbarmachen eines mentalen Modells zur Anwendung im Alltag: Den Schülern soll ein verallgemeinertes Erklärungs- und Deutungsmuster an die Hand gegeben werden, mit welchem sie Kohlhaas'sche Züge, die ihnen im Umgang mit Menschen oder auch medial vermittelt begegnen, identifizieren und benennen können. Der Alltagsbezug bildet darum auch die Klammer von den unterschiedlichen Unterrichtseinstiegen hin zu den verschiedenen Angeboten einer Schlussbetrachtung.

Das Methodenrepertoire ist so angelegt, dass unterschiedliche Lerntypen angesprochen werden. Eine besondere Bedeutung kommt dabei den szenischen Verfahren zu, die helfen sollen, der komplexen Perspektivität der Erzählung gerecht zu werden.

Der vorliegende Band ist Teil des Oldenbourg Lektüreverbunds und kann, muss aber nicht mit den folgenden Bänden zu MICHAEL KOHLHAAS kombiniert werden:
Oldenbourg Interpretation zu MICHAEL KOHLHAAS
Oldenbourg Textnavigator zu MICHAEL KOHLHAAS
Oldenbourg Textausgabe zu MICHAEL KOHLHAAS.

Wenn Sie bereits die Oldenbourg Interpretation zu MICHAEL KOHLHAAS kennen und jetzt diesen Kopierband besitzen, so informieren Sie sich bitte im Kapitel „Vernetzung mit der Oldenbourg Interpretation zu MICHAEL KOHLHAAS".

Bei den Kopiervorlagen wird eine Binnendifferenzierung berücksichtigt: KV für leistungsstarke Schüler werden besonders ausgewiesen und die Vorschläge zur didaktisch-methodischen Realisierung enthalten an manchen Stellen Hinweise auf Variationsmöglichkeiten im methodischen Zuschnitt der Aufgaben. Aus Gründen der besseren Lesbarkeit werden männliche Personenbezeichnungen für weibliche und männliche Personen gleichermaßen verwendet.

Verwendete Abkürzungen:

AA = Arbeitsauftrag
EA = Einzelarbeit
GA = Gruppenarbeit
PA = Partnerarbeit
TA = Tafelanschrieb

Verwendete Symbole:

= kreatives Schreiben
= textnahes Lesen
= kommunikative Unterrichtsform (Partner-/Gruppenarbeit)
= Szenisches Verfahren
= Einsatz von Medien (Film)
= für leistungsstarke Kurse

Vernetzung mit der Oldenbourg Interpretation zu MICHAEL KOHLHAAS

Im Folgenden werden die Themen, die sich in den Unterrichtshilfen der Oldenbourg Interpretation MICHAEL KOHLHAAS befinden und zu denen es im vorliegenden Band passende Kopiervorlagen als Ergänzung gibt, aufgelistet:

Thema (Oldenbourg Interpretation)	KV (Oldenbourg Unterrichtsmaterial Literatur)
Handlung, Orte und Personen (2. Stunde)	KV 2a–c
Recht, Unrecht und Gewalt (4. Stunde)	KV 4c
Individuum und Gesellschaft: Das Gespräch mit Martin Luther (5. Stunde)	KV 5a–c
Zufall: Die Zigeunerin-Episode (7. Stunde)	KV 4d–f
Zwischen Eskalation und Resignation: Die Ereignisse in Dresden (LK-Additum zur 7. Stunde)	KV 3c–d
Chronist oder wertende Instanz? – Der Erzähler (8. Stunde)	KV 6e
Welche Gattung? Welche Epoche? (9. Stunde)	KV 9a–b
Möglichkeiten einer Gesamtdeutung (10. Stunde)	KV 7a–b, 8a
Eignet sich MICHAEL KOHLHAAS als Handlungsmuster für die Gegenwart? (13. Stunde)	KV 10a–e

Referate, Projekte, Klausurvorschläge

Mögliche Referate:

Modul 3: Gesellschaftsordnung in der Frühen Neuzeit/ zu Zeiten Kleists
Modul 4: Geschichte und Wesen der Rechtsstaatlichkeit
Modul 5: Ideen und Wirken Luthers
Modul 6: Erzählhaltung
Modul 7: Geschichtsschreibung
Gesellschaftspolitische Diskussionen zu Zeiten Kleists
Modul 8: Die Verfilmung „Michael Kohlhaas – Der Rebell“ (Schlöndorff) – Vorlage und Produkt
Modul 9: Novellentheorie
Die Epochen *Aufklärung*, *Sturm und Drang*, *Klassik* und *Romantik* (ggf. Kurzreferate)

Projekte:

An einigen Stellen werden gerade in Zusammenhang mit filmischen Verfahren konkrete Projektideen genannt. Darüber hinaus böten sich vertiefende Arbeiten an zu:

- Rechtsnorm und Rechtswirklichkeit in der Frühen Neuzeit/zu Zeiten Kleists (Die Erzählung spielt in der Frühen Neuzeit, spiegelt jedoch den Rechtsdiskurs der Kleist'schen Gegenwart wider)
- Literarische Symbolfiguren
- Geschichte und Entwicklung der Novelle
- Epochenumbruch 18./19. Jahrhundert
- Dichter, die sich den literarischen Moden ihrer Zeit widersetzen: Friedrich Hölderlin, Heinrich von Kleist, Jean Paul

Klausurvorschläge:

1. Untersuchendes Erschließen literarischer Texte: Textinterpretation
   Analysieren und interpretieren Sie die Schlossplatzszene (S. 75, Z. 2125 – S. 82, Z. 2373). Inwiefern ist in dieser Kritik angelegt?
2. Erörterndes Erschließen literarischer Texte: Literarische Erörterung
   Erörtern Sie anhand der Erzählung MICHAEL KOHLHAAS: Eignet sich die Hauptfigur zur Erklärung von Einstellungen und Verhaltensweisen in der Gegenwart?
3. Erörterndes Erschließen pragmatischer Texte: Texterörterung
   → KV 4f lässt sich auch zur Leistungsüberprüfung einsetzen.
4. Gestaltendes Erschließen literarischer Texte: Gestaltende Interpretation
   Verfassen Sie aus der Perspektive Michael Kohlhaas' einen Tagebucheintrag, nachdem dieser mit Luther gesprochen hat. Reflektieren Sie dabei das eigene Handeln bis hierhin, die Diskussion mit Luther und insbesondere die Konsequenzen, die Kohlhaas daraus zieht.

Module für die Unterrichtseinheiten zu MICHAEL KOHLHAAS von Heinrich von Kleist

Modul	Thema	Lernziel	Stundenanzahl/ Hinweis	KV	Didaktisch-methodische Realisierung
1	Einstieg 1: **Zwei Fälle von Körperverletzung** *Rollenspiel*	Die Schüler werden durch die Beschäftigung mit einem Alltagsfall für die Problematik der Gegenwehr sensibilisiert.	▪ 1 Stunde	1 a	Die erfolgte häusliche Lektüre von MICHAEL KOHLHAAS ist bei diesem Unterrichtseinstieg nicht vorgesehen. Beide Texte enthalten denselben Sachverhalt – die Gewalt eines Schülers gegenüber einem Mitschüler. Die jeweiligen Kontextinformationen sind jedoch unterschiedlich: Während im ersten Text die Motivaton des Aggressors im Dunkeln bleibt, wird in Text 2 deutlich, dass es sich um Gegenwehr handelt. Es kann davon ausgegangen werden, dass die Schüler die beiden Fälle trotz der gleichen Tat unterschiedlich bewerten. Diese differenzierte Sichtweise sollte man in einer allgemeinen Diskussion zur Frage *Wie wichtig sind die Hintergründe des Verbrechens zur Beurteilung der Tat?* vertiefen, um für die Thematik des MICHAEL KOHLHAAS zu sensibilisieren.
1	Einstieg 2: **„Gerecht ist …“** *Rollenspiel*	Die Schüler ▪ setzen sich mit ihren Vorstellungen von Gerechtigkeit auseinander, ▪ entwickeln so Maßstäbe für die Beschäftigung mit der Erzählung.	▪ 0,5 Stunden	1 b	Die erfolgte häusliche Lektüre von MICHAEL KOHLHAAS ist bei diesem Unterrichtseinstieg möglich, jedoch nicht notwendig. Dieser Unterrichtseinstieg gilt einer ganz allgemeinen Hinführung zur Frage nach Gerechtigkeit. Denkbar wäre auch, jeden Schüler ein oder zwei Erklärungen auf ein Blatt schreiben zu lassen und die Ergebnisse anschließend zu sammeln und zu kategorisieren. Für den weiteren Verlauf der Unterrichtseinheit ist es wichtig, dass – sofern kein Konsens hergestellt werden kann – jeder Schüler eine Definition von Gerechtigkeit erstellt, die als Grundlage zur Bewertung der Erzählung genutzt und ggf. angepasst werden kann.
1	Einstieg 3: **Vor dem Gesetz**	Die Schüler erhalten durch die Beschäftigung mit Kafkas Text VOR DEM GESETZ einen Zugang zur Problematik eines unerfüllten Rechtsbegehrens.	▪ 1 – 2 Stunden ▪ für leistungsstarke Kurse	1 c*	Die erfolgte häusliche Lektüre von MICHAEL KOHLHAAS wird bei diesem Unterrichtseinstieg vorausgesetzt. Dieser Zugriff ist vor allem für leistungsstärkere Schüler gedacht, welche in der Lage sind, die eigenen Lektüreerfahrungen sogleich zu transferieren. In Franz Kafkas Text steht ein Mann vor dem Gesetz und bittet um Einlass, der ihm jedoch nicht gewährt wird – eine groteske Fortführung der Kernproblematik in MICHAEL KOHLHAAS. Durch den handlungsorientierten Zugriff (Aufg. 2) kann Distanz aufgehoben und Identifikation geschaffen werden. Der rein analytische Zugriff über den Textvergleich (Aufg. 4) kann jedoch auch vorgezogen werden, wenn die Schüler mit szenischen Verfahren noch nicht vertraut oder aber gehemmt sind. Durch die Hinzuziehung der persönlichen Texte Kafkas (Aufg. 5) wird ein Hinweis auf die tatsächliche gedankliche Nähe der Autoren gegeben, der jedoch für die Funktion des Einstiegs in die Unterrichtseinheit nicht von Bedeutung ist.

Modul	Thema	Lernziel	Stundenanzahl/ Hinweis	KV	Didaktisch-methodische Realisierung
1	Einstieg 4: **Der Erzählanfang** *Produktionsorientierter Zugang*	Die Schüler werden durch die produktive Auseinandersetzung mit dem bedeutenden Erzählanfang für den Fortlauf der Erzählung sensibilisiert.	▪ 1 Stunde	1 d	Die erfolgte häusliche Lektüre von Michael Kohlhaas ist bei diesem Unterrichtseinstieg nicht vorgesehen. Der Einstieg ist analytisch und produktiv: Die für den weiteren Handlungsverlauf bestimmenden Informationen werden herausgefiltert und die Schreibaufgabe (Aufg. 3) dient dem assoziativen Zugriff (→EPA: *Gestaltendes Erschließen*), indem die Ergebnisse als Ausgangspunkt für eine individuelle Fortführung der Handlung benutzt werden können.
2	**Der Verlauf der Handlung** *GA, Rollenspiel* *Multiple Choice*	Die Schüler ▪ sichern ihre Kenntnis über den Verlauf der Handlung, ▪ gewinnen Einsicht in die Handlungsmotive des Protagonisten.	▪ 3 Stunden	 2 a 2 b 2 c	▪ Die Kopiervorlagen in diesem Modul dienen der inhaltlichen Sicherung der Erzählung. Aufgrund der Komplexität des Textes ist dies von herausgehobener Bedeutung. ▪ KV 2 a kann zu Beginn des Moduls dazu dienen, dass Sie sich einen Überblick darüber verschaffen, ob und wie intensiv Ihre Schüler den Text gelesen haben. Oder aber Sie geben ihn den Schülern (evtl. auch am Ende des Moduls) zur Selbstüberprüfung in die Hand. ▪ Das Sortieren der Überschriften in KV 2 b lässt sich in schwächeren Kursen auch in Partner- oder Gruppenarbeit durchführen. Wichtig ist nicht nur, dass die aufgeführten Handlungsschritte in die richtige Abfolge gebracht werden, sondern dass die Überschriften ggf. auch ergänzt oder geändert werden, damit die Schüler ihre Arbeit auch reflektieren und eigene Akzente setzen können. ▪ KV 2 c könnte in sehr leistungsstarken Kursen auch an den Beginn des Moduls gesetzt werden, da sie der Chronologie der Handlung folgt, aber bereits über die reine Sicherung des Inhalts hinaus eine (produktive) Auseinandersetzung mit den Motiven des Protagonisten verlangt. Anstelle des Rollenspiels wäre auch eine (ggf. arbeitsteilige) analytische Beschäftigung mit der Fragestellung denkbar, z. B. in Form einer schriftlichen Hausaufgabe.
3	**Figurenkonstellation** *GA* *Szenische Verfahren*	Die Schüler ▪ analysieren die Figurenkonstellation, ▪ untersuchen die Beziehung von Lisbeth und Michael Kohlhaas, ▪ arbeiten die gegensätzliche Zeichnung und Bewertung von Bürgertum und Adel heraus.	▪ 5 Stunden	3 a 3 b 3 c 3 d	▪ Mit KV 3 a erfolgt zunächst ein produktionsorientierter Einstieg in die Figurenkonstellation, indem die Schüler alle wesentlichen Figuren aus der KV ausschneiden und in grafische Beziehungen zueinander setzen sollen. Die daraus entstehenden Übersichten eignen sich gut, um sich an späterer Stelle nochmals schnell orientieren zu können. Die folgenden drei KV sind der für den Text konstitutiven Gegenüberstellung von Herrschenden und Beherrschten gewidmet. ▪ In KV 3 b erfolgt eine kontrastive literarische Charakterisierung Kohlhaas' und des Kurfürsten von Sachsen als gewichtige Gegenspieler der Handlung. Die Erarbeitung erfolgt sehr textnah. ▪ KV 3 c sieht die Analyse der beinahe satirischen Darstellung des Adels in der Schlossplatzszene vor. Auch diese Untersuchung erfolgt textnah, betont wird hier aber nicht der Charakter der einzelnen Figuren (-gruppen), sondern deren Zeichnung durch den Erzähler sowie das Beziehungsgefüge. ▪ Mit KV 3 d fließen schließlich Hintergrundinformationen zu den in der Schlossplatzszene Beteiligten ein: Junker, Abdecker und Kämmerer. Durch diesen abstrahierenden Zugriff lässt sich die in der Darstellung enthaltene Kritik Kleists klarer herausstellen, da die Schüler sich die Stellung der Personen in der Ständegesellschaft selbst erarbeiten.

Modul	Thema	Lernziel	Stundenanzahl/ Hinweis	KV	Didaktisch-methodische Realisierung
3				3 e	▪ Mit KV 3 e wird eine weitere Abstraktion vorgenommen, indem nun fünf für die Handlung wichtige Figuren in der Gegenwart über das Vergangene sprechen. Die Argumente müssen gut vorbereitet und ausgearbeitet werden, damit das Rollenspiel konstruktive Ergebnisse hervorbringen kann. Wichtig ist zudem, dass insbesondere die Figur des Moderators gute Fragen ausarbeitet, die als Impuls für die Beteiligten dienen, Motive, Weltbild und den Charakter explizit oder implizit zu offenbaren. Dieses Rollenspiel ermöglicht eine spielerische Einsichtnahme in das Innere der Figuren und bestenfalls das Erkennen egoistischer und altruistischer Haltungen.
				3 f	▪ Durch KV 3 f können die Schüler das Verhältnis von Lisbeth und Michael Kohlhaas durch Standbilder erschließen. Dies setzt voraus, dass die Schüler sich auf dieses expressive Verfahren einlassen.
4	**Zufall, Willkür und Metaphysik** *Textnahes Lesen*	Die Schüler ▪ analysieren die Bedeutung von Zufall und Willkür für den Text, ▪ erkennen diese als konstitutive Merkmale, ▪ setzen den Begriff der Willkür in Beziehung zu Recht, Gerechtigkeit, Legitimität und Legalität, ▪ analysieren die Zigeunerin-Episode, ▪ vergleichen unterschiedliche Deutungen der Zigeunerin-Episode.	▪ 6 Stunden		▪ Die Kopiervorlagen dieses Moduls drücken Mächte/Kräfte aus, denen man als Einzelner zunächst schutzlos ausgeliefert ist: Zufall, Willkür und Metaphysik. Diese spielen in der Erzählung eine herausgehobene Rolle. Als Einstieg in diese Sequenz bietet sich als stummer Impuls ein Tafelanschrieb „Zufall – Willkür“ an. Dieser soll zu einer Klärung der Begriffe führen und deutlich machen, dass Zufall und Willkür für denjenigen, den es trifft, zunächst denselben Effekt haben. Während man dem Zufall jedoch schutzlos ausgeliefert ist, kann man sich gegen Willkür zur Wehr setzen.
				4 a	▪ KV 4 a macht zunächst auf die große Häufigkeit von Zufällen in der Erzählung aufmerksam und lässt die Schüler die Bedeutung erkennen, indem sie die jeweiligen Handlungszusammenhänge aufschlüsseln und Konsequenzen herausarbeiten sollen. Die Schüler sollen dabei erkennen, dass der Verlauf der Handlung maßgeblich von Zufällen beeinflusst ist, die oftmals das Schicksal Kohlhaas’ begünstigen.
				4 b	▪ Kontrastiv hierzu werden mit KV 4 b mehrere Willkürakte erarbeitet, die überwiegend zu Kohlhaas’ Schaden ausfallen und in keinem Fall zu seinen Gunsten. Abstrahierend kann man festhalten, dass Willkürakte in der Regel vor allem demjenigen nützen, der sie ausführt.
				4 c	▪ Vertiefend kann KV 4 c hinzugezogen werden, in der der Begriff der Willkür mit den Begriffen *Recht* und *Gerechtigkeit* sowie *legitim* und *legal* in Beziehung gesetzt werden soll. Für Aufgabe 2 bietet sich in diskussionsstarken Lerngruppen Partner- oder Gruppenarbeit an, da der Anspruch weit über eine logische Zuordnung hinausgeht. Generell sollten die Begriffe sowohl auf einer sehr konkreten Ebene (Zuordnung der Textstellen, Alltagsbeispiele) als auch abstrakt (Bedeutung der Begriffe) geklärt werden. Ein übernatürliches Moment tritt in Gestalt der Zigeunerin in die Erzählung ein, das aus Mangel an schlüssigen Erklärungsmustern in vielen Interpretationen schlichtweg unberücksichtigt bleibt. Aus diesem Grund werden hier gleich drei Wege der Erschließung vorgeschlagen, die komplett, aber auch alternativ verwendet werden können.

Modul	Thema	Lernziel	Stundenanzahl/ Hinweis	KV	Didaktisch-methodische Realisierung
4				4 d	■ KV 4 d ist textanalytisch angelegt, indem sie die Schüler zum textnahen Lesen auffordert: Der Text muss mehrmals sehr langsam gelesen und dabei jedes Wort auf seine mögliche Bedeutung befragt werden. Die KV enthält bereits zahlreiche Analyseergebnisse, die als Vorlage für das Vorgehen an weiteren Textstellen dienen soll. In leistungsstarken Gruppen sollte die Erarbeitung am unkommentierten Primärtext erfolgen (→EPA: *Untersuchendes Erschließen literarischer Texte*).
				4 e	■ KV 4 e macht darauf aufmerksam, dass die Zigeunerin-Episode die Chronologie der Handlung sprengt, indem in zwei Rückblenden von einem Zeitabschnitt erzählt wird, der in den Verlauf der Resthandlung fällt und dort ausgespart ist. Wäre der Erzähler jedoch chronologisch vorgegangen, hätte er vom Weg der Gewalt abgelenkt. Zudem hätte er die Bedeutung dieser Episode erst viel später auflösen können, so dass der Leser zunächst verwirrt worden wäre. Gleichwohl wirkt die Episode auch an späterer Stelle arg konstruiert und mag als störend empfunden werden.
			■ für leistungsstarke Kurse	4 f*	■ KV 4 f enthält acht Textausschnitte zur (Be-)Deutung der Zigeunerin-Episode. Vor dem Einsatz dieser KV sollten die Schüler zu einer eigenen kurzen Deutung aufgefordert werden. Die Beschäftigung mit den Fremdtexten dient dann der Überprüfung der eigenen Auffassung und vermag gegebenenfalls ergänzend zu wirken. Zugleich lässt sich die KV auch zur Leistungsüberprüfung verwenden (→EPA: *Untersuchendes Erschließen pragmatischer Texte, Erörterndes Erschließen literarischer Texte*).
5	**Luther, Kirche und Religion** *Textanalyse* *Recherche* *PA*	Die Schüler ■ vergleichen den historischen Luther mit der von Kleist gezeichneten Figur, ■ erarbeiten die im Text angelegte Kirchen- und Glaubenskritik.	■ 3–4 Stunden		Die innere Thematik der Erzählung spiegelt die geistigen Fragen und Auseinandersetzungen des 18. Jhdts. wider. MICHAEL KOHLHAAS steckt voller biblischer und philosophischer Anspielungen und Bezüge, wobei die Fragen nach Glaube, Kirche oder Religion eher im Hintergrund behandelt werden. Kohlhaas misst sich mit den Fürsten, dem Staat und seinen Vertretern und mit der Kirche und dem Glauben. Mit Luther setzt sich Kleist indirekt um die treffendere Auslegung der göttlichen Botschaft auseinander.
				5 a	■ KV 5 a: Kleist setzt Luther zunächst die aufklärerischen Gedanken Kants gegenüber. Hier ist eine kommunikative Auseinandersetzung mit den beiden diametralen Positionen gefragt.
			■ für leistungsstarke Kurse	5 b*	■ KV 5 b: Die Schüler sollen sich durch die Beschäftigung mit Schriften des historischen Luther mit der Frage auseinandersetzen, ob Kleist diesem in seiner Erzählung gerecht wird. Sie diskutieren die Frage, wie weit sich eine literarische Figur vom historischen Vorbild entfernen darf, ohne dass sich beide von einander entfremden.
				5 c	■ KV 5 c: Die Schüler sollen diskutieren, ob MICHAEL KOHLHAAS ein Werk mit kirchen- und glaubensfeindlichem Inhalt ist. Hierzu ist eine genauere Beschäftigung mit der Bibel und der Figur des Erzengels Michael notwendig (z. B. http://www.heiligenlexikon.de/BiographienM/Michael.htm).

Modul	Thema	Lernziel	Stundenanzahl/ Hinweis	KV	Didaktisch-methodische Realisierung
6	Gestaltungselemente *Produktionsorientierte Standbilder* *Projektvorschlag*	Die Schüler ▪ untersuchen den Aufbau der Erzählung in Hinblick auf die Nähe zum Freytag'schen Dramenmodell, ▪ untersuchen die sprachliche Gestaltung der Erzählung, ▪ arbeiten analytisch, produktiv und kreativ die Besonderheiten des Satzbaus heraus.	▪ 4 Stunden ▪ für leistungsstarke Kurse	 6 a*	▪ Das Modul dient der Erarbeitung der Gestaltungsmerkmale. ▪ Mit KV 6 a überprüfen die Schüler dabei, inwiefern das Freytag'sche Dramenschema zur Bestimmung des Aufbaus der Erzählung herangezogen werden kann. In schwächeren Gruppen sollte die Erarbeitung in Gruppenarbeit erfolgen. Aufgrund der Nähe zum Drama ließe sich als Projekt auch eine Transformation der Erzählung in ein Theaterstück durchführen. Um Zeit zu sparen, bietet es sich dabei an, die Erzählung in fünf Abschnitte zu teilen, die dann als einzelne Akte neu verfasst werden. Die Inszenierung einzelner Szenen könnte dabei zum besseren Verständnis des Textes beitragen.
				6 b	▪ KV 6 b dient der Analyse des komplexen Satzbaues. Die Schüler erhalten hier zunächst eine Aufschlüsselung der vielfältigen Bestimmungen eines Kleist'schen Satzgefüges. Bei stärkeren Lerngruppen kann man auch gleich mit Aufgabe 2 beginnen, ohne dass die Schüler sich zuvor mit dem Muster auseinandergesetzt haben. Die folgenden zwei KVs vertiefen die Beschäftigung mit der sprachlichen Gestaltung (→EPA: *Reflektieren über Sprache*):
				6 c	▪ Mit KV 6 c können die Schüler die komplexe Abhängigkeit der einzelnen Satzglieder handelnd entdecken, indem sie diese selbst zu einem schlüssigen Satzgefüge zusammensetzen müssen.
				6 d	▪ Auch KV 6 d erfolgt handlungsorientiert, fokussiert jedoch die visuelle Komponente, indem ein Satz in ein Storyboard umgewandelt werden soll: In einzelnen gezeichneten oder fotografierten Bildern sollen Einstellungen und Bewegung der Kamera vorweg skizziert werden. Die Umsetzung des Storyboards in eine Filmsequenz würde den gewünschten Effekt, dass die Schüler erkennen, wie sich in einem Satz, in dem die optische Perspektive nicht explizit genannt wird, der Blick verändert, freilich verstärken.
			▪ für leistungsstarke Kurse	6 e*	▪ KV 6e erfordert die Bereitschaft der Schüler, die Erzählhaltung des Textes szenisch zu erschließen. Ist diese nicht vorhanden, ist auch ein analytisches Vorgehen anhand der vorgegebenen Textstellen möglich. Wichtig ist die Beobachtung / Analyse, wie nah am Geschehen der Erzähler ist und inwiefern er eine handelnde oder zumindest beteiligte Figur ist und/oder neutral über dem Geschehen schwebt.
7	Die Erzählung als geschichtliches Zeugnis *PA/GA* *Podiumsdiskussion, Rollenspiel* *Multiple Choice*	Die Schüler ▪ untersuchen und bewerten die Möglichkeit, Kleists Erzählung als zeitpolitische Stellungnahme zu lesen, ▪ untersuchen und bewerten die Möglichkeit, Kleists Erzählung als Beitrag zur Geschichtsschreibung zu lesen.	▪ 4 Stunden		▪ Die Handlungsmuster des Protagonisten sind höchst komplex. Im Laufe der Jahrhunderte ist MICHAEL KOHLHAAS von einer literarischen Figur zu einer Symbolfigur des Kämpfers für Gerechtigkeit geworden. Eine differenzierte Auseinandersetzung mit der Geschichte und damit mit der Frage, ob die Erzählung MICHAEL KOHLHAAS als ein geschichtliches Zeugnis dienen kann, ist daher notwendig.
				7 a	▪ Durch die Konfrontation mit zeitgenössischen Haltungen in KV 7 a tauchen die Schüler ein in die Auffassungen der Zeit des Verfassers. Sie erkennen, dass Kleist durch diese geprägt ist und im MICHAEL KOHLHAAS seine Gedanken verarbeitet.

Modul	Thema	Lernziel	Stundenanzahl/ Hinweis	KV	Didaktisch-methodische Realisierung
7			▪ für leistungsstarke Kurse	7b* 7c	▪ Anhand von KV 7b können die Schüler das Vorgehen des literarischen und des historischen Kohlhaas reflektieren und diskutieren. Sie stellen sich der Frage, ob Literatur auch als historisches Quellenmaterial tauglich ist. ▪ KV 7c enthält eine Auswahl von Rechtsnormen der deutschen Gegenwart, die inhaltlich für den Fall des Michael Kohlhaas relevant sind. Wichtig bei der Anwendung ist, dass die Schüler erkennen, dass Kohlhaas in der feudalen Frühen Neuzeit angesiedelt ist, in dem er sich bestenfalls auf das Fehderecht hätte berufen können. Noch entscheidender für eine rechtliche Bewertung ist, dass rechtsstaatliche Kategorien hier gar nicht zur Anwendung kommen können, da die Frage von Recht und Unrecht letztlich in der Hand des Fürsten lag.
8	Deutungsvarianten und Rezeption *GA* *Podiumsdiskussion* *Rollenspiel*	Die Schüler ▪ setzen sich mit unterschiedlichen Möglichkeiten der Deutung und Bewertung der Kohlhaas-Figur auseinander und erörtern diese, ▪ erkennen durch eigenes Probieren, wie gut sich Michael Kohlhaas zur Vereinnahmung für unterschiedliche Weltanschauungen eignet, ▪ erarbeiten sich im Rollenspiel ein Bewusstsein für die Beständigkeit des Motivs der Gerechtigkeit in der Literatur.	▪ 4 Stunden ▪ für leistungsstarke Kurse	8a 8b* 8c	▪ Mit dem Modul 8 erhalten die Schüler Einblick in die Wirkungsgeschichte der Erzählung. ▪ KV 8a enthält eine kleine Auswahl zum Teil stark widersprüchlicher Aussagen zur Klassifizierung/Beurteilung der Kohlhaas-Figur. Da jeder der Texte zumindest einen kleinen nachvollziehbaren Kern hat, können die Schüler sich hier die Vielschichtigkeit der Figur erarbeiten und letztlich selbst zu einer fundierten Urteilsfindung gelangen. ▪ Darauf aufbauend bietet KV 8b einen Einblick in die Tendenzen, MICHAEL KOHLHAAS weltanschaulich zu vereinnahmen, die es seit Erscheinen des Werkes gibt. Die eigenen Versuche, eine solche Vereinnahmung vorzunehmen, schärfen das Bewusstsein für manipulatives Auswerten von literarischen Texten, das mit dem kurzen theoretischen Text untermauert wird. Wichtig für die Durchführung ist insbesondere, dass es zu einer begründeten Auseinandersetzung darüber kommt, welche Aspekte des Textes für welche Weltanschauung genutzt werden können. Während der Diskussion ist darauf zu achten, sachlich mit den weltanschaulichen Hintergründen umzugehen. ▪ KV 8c wirft den Blick auf den Fortbestand des Motivs der Gerechtigkeit: Mehr als hundert Jahre später schreibt Friedrich Dürrenmatt seine Tragikomödie DER BESUCH DER ALTEN DAME und lässt eine Dorfgemeinde im Auftrag der Gerechtigkeit morden. Durch ein direktes Aufeinandertreffen der beiden Protagonisten im modernen Gewand erkennen die Schüler die Grenzen menschlichen Handelns und die Widersprüchlichkeit menschlicher Werte.

Modul	Thema	Lernziel	Stundenanzahl/ Hinweis	KV	Didaktisch-methodische Realisierung
9	Gattung und Epoche *Handlungsorientierter Zugang*	Die Schüler ▪ untersuchen die Erzählung in Hinblick auf gängige Gattungsmerkmale der Novelle, ▪ problematisieren die Möglichkeit, Michael Kohlhaas als Novelle zu klassifizieren, ▪ vergleichen gängige Epochenmerkmale von Aufklärung, Sturm und Drang, Klassik und Romantik, ▪ erkennen, dass eine klare Zuordnung nicht möglich ist.	▪ 3 Stunden		▪ Die Gattungs- und die Epochenfrage lässt sich nicht eindeutig beantworten. Durch eine intensive Auseinandersetzung mit gattungs- und epochentheoretischen Aspekten sollen die Schüler eine eigene Einschätzung vornehmen können. Sie sollen dabei eng am Text arbeiten.
				9 a	▪ Durch den Vergleich der Novellenmerkmale in KV 9 a mit der Erzählung werden die Schüler angeleitet, sich ein eigenes Urteil zu bilden. Eine weitere Bearbeitung der Begriffe wäre wünschenswert.
				9 b	▪ Die Grafik in KV 9 b veranschaulicht das schwierige Geflecht der Epochen miteinander. Die intensive, arbeitsteilige Recherche soll den Umgang mit literaturwissenschaftlich relevanten Begriffen einüben und festigen. Zudem wird eine zu klare Kategorisierung problematisiert und die Schüler dafür sensibilisiert, dass Epochen in der Regel nachträglich definierte Zuordnungsmuster sind, die keinerlei Anspruch auf universelle Gültigkeit bzw. Anwendbarkeit erheben (können).
10	Aktualität der Erzählung *Produktionsorientierter Zugang* *Film, Theater, Zeitung*	Die Schüler ▪ erkennen in Michael Kohlhaas ein mentales Modell eines Charakters zur Deutung von Verhaltensweisen, die ihnen im Alltag begegnen, ▪ nutzen Michael Kohlhaas als Folie zur Bewertung von Handlungen und deren Handlungsmotiven, die ihnen in Filmen oder auch im Alltag begegnen.	▪ 2–5 Stunden		▪ Die Kopiervorlagen dieses Moduls versuchen, eine Brücke von den Motiven der Erzählung hin in die Gegenwart zu schlagen. Sie können sowohl additiv als auch selektiv verwendet werden, da sie nicht aufeinander aufbauen, sondern jeweils andere Aspekte fokussieren.
				10 a	▪ Mit KV 10 a können die Schüler zunächst ganz allgemein überprüfen, inwiefern Michael Kohlhaas als Erklärungsmuster taugt, indem sie seinen Charakter als Folie auf vier verschiedene Filmfiguren anwenden sollen. Zudem sind sie in Aufgabe 2 selbst aufgefordert, seinen Charakter in eine neue, gegenwärtige Handlungsumgebung zu transferieren, und erhalten somit auch noch einen zweiten, kreativen Zugang in die Problemstellung.
				10 b	▪ KV 10 b vertieft die zunächst allgemeine Anwendung auf ein Filmbeispiel, das möglichst auch im Unterricht angesehen werden sollte: RAMBO. Der Film enthält erstaunlich viele Anknüpfungspunkte: Auch John Rambo wird Opfer eines Willkürakts. Auch Rambo versucht zunächst, die Angelegenheit friedlich zu regeln. Auch Rambo greift zu (überzogener) Gewalt, um sich Recht zu verschaffen, auch Rambo ist bereit, sich (von Colonel Trautman überzeugt) wieder auf den Weg des Rechts zu begeben usw.
				10 c	▪ KV 10 c wiederum nimmt eine aktuelle Theater-Inszenierung zum Anlass, nach den Möglichkeiten einer gegenwärtigen Inszenierung zu fragen. Die Schüler werden dabei mit einer Theaterkritik konfrontiert, die sie selbst in Form eines Leserbriefes kommentieren sollen.
				10 d	▪ Als Folie anzuwenden ist MICHAEL KOHLHAAS wiederum in KV 10 d, in der die Schüler einen authentischen Magazinbeitrag vorgelegt bekommen, der einen (nahezu) krankhaften Rechtsfanatiker zum Gegenstand hat. Ausgangspunkt ist hier der Alltagsfall, für den Kohlhaas als Deutungsmuster herangezogen wird: Einem peniblen Kämpfer für das geschriebene Recht, der dieses im Zweifelsfall über die menschliche Vernunft stellt. Es lassen sich nicht nur Parallelen und Unterschiede herausarbeiten, der Text bietet vielmehr einen guten Anreiz, über Wesen, Nutzen, Zielsetzung und Grenzen des Rechts an sich zu diskutieren.

Modul	Thema	Lernziel	Stundenanzahl/ Hinweis	KV	Didaktisch-methodische Realisierung
10			■ für leistungsstarke Kurse	10 e*	■ KV 10 e nimmt schließlich das Problem der (Gegen-)Gewalt in das Blickfeld, indem die Schüler mit dem Widerstand der Castorgegner gegen das geplante Endlager in Gorleben konfrontiert werden. Die aufgeworfene Fragestellung ist mehr ethischer denn juristischer Natur: Wann kann ein illegales Handeln in einer Gesellschaft durchaus legitim sein? Die KV sollte aufgrund der Komplexität des Transfers nur leistungsstarken Schülern vorgelegt werden.

Einstieg 1: **Zwei Fälle von Körperverletzung**

Schlägerei auf dem Pausenhof

Schüler schlägt Mitschüler Zahn aus

Am Heinrich-von-Kleist-Gymnasium in Göttingen kam es gestern in der großen Pause nach Aussage der Schulleitung zu einer Prügelei zwischen zwei Schülern der 8. Jahrgangsstufe. Der 14-jährige R. habe dem gleichaltrigen M. unvermittelt die Faust ins Gesicht geschlagen, wodurch dieser einen Zahn eingebüßt habe.

Mitschüler berichteten, dass sich die beiden Schüler wohl nicht kannten und sie keine Auskunft über mögliche Motive des Täters geben können. Das aggressive Verhalten des Schülers R. war in den vergangenen Tagen bereits wiederholt aufgefallen. M. konnte nicht mehr am Unterricht teilnehmen und musste stattdessen zum Zahnarzt.

Schlägerei auf dem Pausenhof

Schüler schlägt Mitschüler Zahn aus

Am Friedrich-Schiller-Gymnasium in Regensburg hat ein 14-jähriger Schüler nach wochenlangem psychischen Druck, den ein Mitschüler auf ihn ausübte, gestern die Fassung verloren und seinem Peiniger einen Zahn ausgeschlagen.

Schon mehrmals musste der Achtklässler L. seinem Klassenkameraden G. das mitgebrachte Pausenbrot überlassen, weil dieser ihm immer wieder drohte. Trotz mehrerer Versuche, den Erpressungen des Mitschülers zu entgehen, ließ dieser nicht nach und setzte L. stark zu.

Der Schüler schlug daraufhin seinem Mitschüler G. mit der Faust ins Gesicht, wodurch dieser einen Zahn verlor und zum Zahnarzt geschickt werden musste.

Aufgaben:

1. Formulieren Sie nach dem Lesen beider Kurzmeldungen aus zwei Tageszeitungen im Rahmen eines Brainstormings Ihre ersten Eindrücke!
2. Listen Sie Gemeinsamkeiten und Unterschiede der beiden Kurzmeldungen in einer Tabelle auf!
3. Rollenspiel: Bilden Sie zu den beiden Kurzmeldungen jeweils einen aus Lehrern bestehenden Disziplinarausschuss. Lassen Sie diesen über mögliche schulische Sanktionsmaßnahmen gegen die beteiligten Schüler diskutieren!
4. Vergleichen Sie die beiden Rollenspiele und begründen Sie, inwieweit beide Fälle gleiche oder unterschiedliche Sanktionsmaßnahmen nach sich ziehen sollten!

Einstieg 2: **Gerecht ist …**

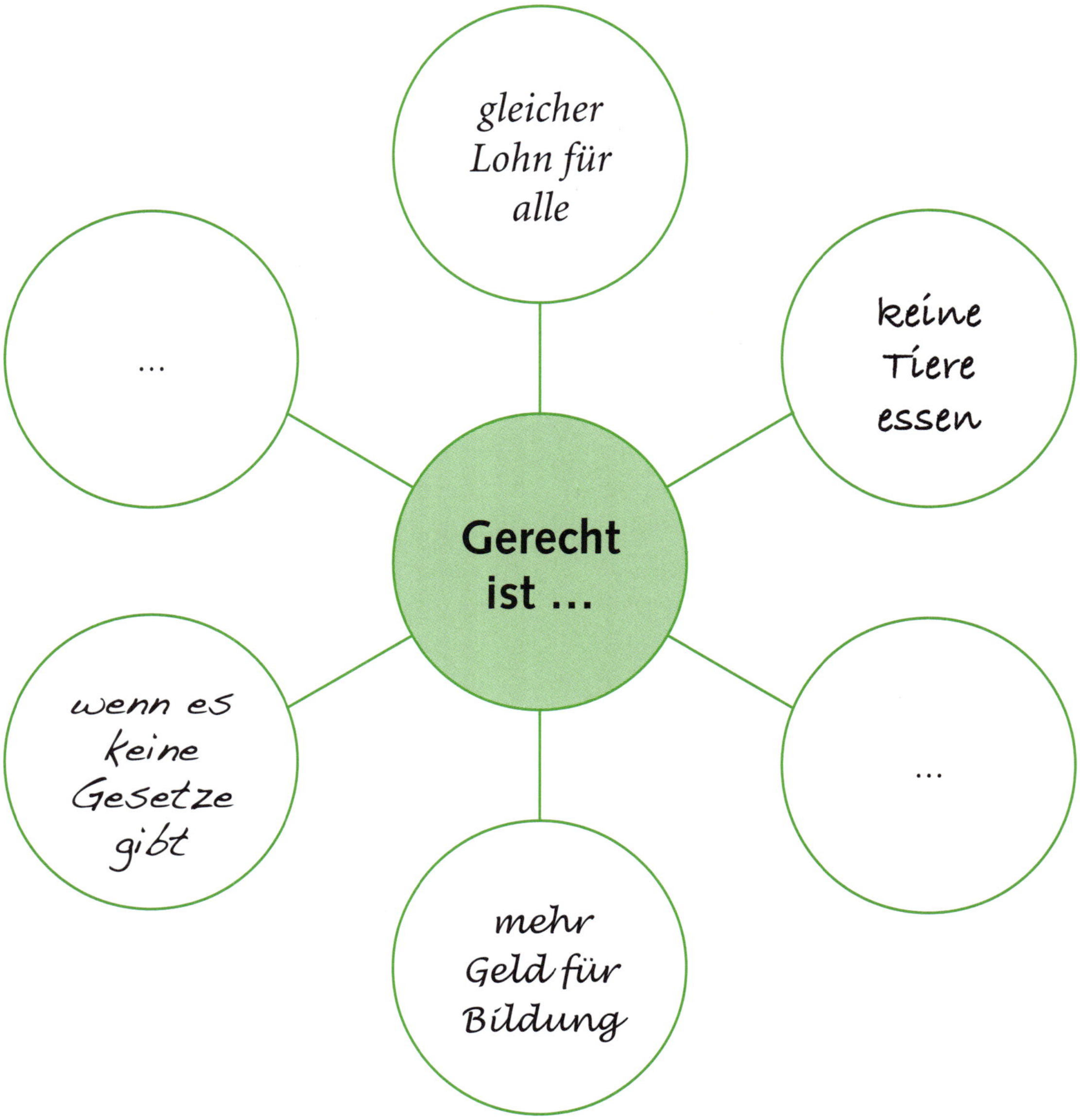

Aufgaben:

1. Was finden Sie gerecht? Ergänzen Sie die dargestellte Grafik.
2. Fassen Sie die Ergebnisse an der Tafel zusammen.
3. Diskutieren Sie im Kurs Ihre Vorstellungen davon, was Sie für gerecht halten.
4. Versuchen Sie gemeinsam, eine allgemeingültige Definition von Gerechtigkeit aufzustellen.

Einstieg 3: **Vor dem Gesetz**

Franz Kafka

VOR DEM GESETZ

Vor dem Gesetz steht ein Türhüter. Zu diesem Türhüter kommt ein Mann vom Lande und bittet um Eintritt in das Gesetz. Aber der Türhüter sagt, daß er ihm jetzt den Eintritt nicht gewähren könne. Der Mann überlegt und fragt dann, ob er also später werde eintreten dürfen. „Es ist möglich", sagt der Türhüter, „jetzt aber nicht." Da das Tor zum Gesetz offensteht wie immer und der Türhüter beiseite tritt, bückt sich der Mann, um durch das Tor in das Innere zu sehn. Als der Türhüter das merkt, lacht er und sagt: „Wenn es dich so lockt, versuche es doch, trotz meines Verbotes hineinzugehn. Merke aber: Ich bin mächtig. Und ich bin nur der unterste Türhüter. Von Saal zu Saal stehn aber Türhüter, einer mächtiger als der andere. Schon den Anblick des dritten kann nicht einmal ich mehr ertragen." Solche Schwierigkeiten hat der Mann vom Lande nicht erwartet; das Gesetz soll doch jedem und immer zugänglich sein, denkt er, aber als er jetzt den Türhüter in seinem Pelzmantel genauer ansieht, seine große Spitznase, den langen, dünnen, schwarzen tatarischen Bart, entschließt er sich, doch lieber zu warten, bis er die Erlaubnis zum Eintritt bekommt. Der Türhüter gibt ihm einen Schemel und läßt ihn seitwärts von der Tür sich niedersetzen. Dort sitzt er Tage und Jahre. Er macht viele Versuche, eingelassen zu werden, und ermüdet den Türhüter durch seine Bitten. Der Türhüter stellt öfters kleine Verhöre mit ihm an, fragt ihn über seine Heimat aus und nach vielem andern, es sind aber teilnahmslose Fragen, wie sie große Herren stellen, und zum Schlusse sagt er ihm immer wieder, daß er ihn noch nicht einlassen könne. Der Mann, der sich für seine Reise mit vielem ausgerüstet hat, verwendet alles, und sei es noch so wertvoll, um den Türhüter zu bestechen. Dieser nimmt zwar alles an, aber sagt dabei: „Ich nehme es nur an, damit du nicht glaubst, etwas versäumt zu haben." Während der vielen Jahre beobachtet der Mann den Türhüter fast ununterbrochen. Er vergißt die andern Türhüter, und dieser erste scheint ihm das einzige Hindernis für den Eintritt in das Gesetz. Er verflucht den unglücklichen Zufall, in den ersten Jahren rücksichtslos und laut, später, als er alt wird, brummt er nur noch vor sich hin. Er wird kindisch, und, da er in dem jahrelangen Studium des Türhüters auch die Flöhe in seinem Pelzkragen erkannt hat, bittet er auch die Flöhe, ihm zu helfen und den Türhüter umzustimmen. Schließlich wird sein Augenlicht schwach, und er weiß nicht, ob es um ihn wirklich dunkler wird, oder ob ihn nur seine Augen täuschen. Wohl aber erkennt er jetzt im Dunkel einen Glanz, der unverlöschlich aus der Türe des Gesetzes bricht. Nun lebt er nicht mehr lange. Vor seinem Tode sammeln sich in seinem Kopfe alle Erfahrungen der ganzen Zeit zu einer Frage, die er bisher an den Türhüter noch nicht gestellt hat. Er winkt ihm zu, da er seinen erstarrenden Körper nicht mehr aufrichten kann. Der Türhüter muß sich tief zu ihm hinunterneigen, denn der Größenunterschied hat sich sehr zu ungunsten des Mannes verändert. „Was willst du denn jetzt noch wissen?" fragt der Türhüter, „du bist unersättlich." „Alle streben doch nach dem Gesetz", sagt der Mann, „wieso kommt es, daß in den vielen Jahren niemand außer mir Einlaß verlangt hat?" Der Türhüter erkennt, daß der Mann schon an seinem Ende ist, und, um sein vergehendes Gehör noch zu erreichen, brüllt er ihn an: „Hier konnte niemand sonst Einlaß erhalten, denn dieser Eingang war nur für dich bestimmt. Ich gehe jetzt und schließe ihn."

Franz Kafka, 1883 – 1925, deutschsprachiger Schriftsteller aus Prag

(Text aus: Kafka, Franz: Schriften – Tagebücher. Kritische Ausgabe. Herausgegeben von Jürgen Born u. a. Band 2: Drucke zu Lebzeiten. Herausgegeben von Wolf Kittler u. a. Frankfurt/M. 2002, S. 267 – 269.)

Einstieg 3: **Vor dem Gesetz**

Aufgaben:

1. Lesen Sie den Text und diskutieren Sie anschließend im Kurs Ihre Eindrücke.
2. Inszenieren Sie ein Gespräch zwischen Michael Kohlhaas und dem Mann vom Lande. Lassen Sie beide zunächst ihre Erfahrungen schildern und anschließend das jeweils andere Handeln kommentieren.
3. Diskutieren Sie die Inszenierung: Wurde das Gespräch den Figuren aus den Texten gerecht? Wo lagen evtl. Schwierigkeiten?
4. Inwieweit lassen sich beide Texte vergleichen? Entwickeln Sie Vergleichskategorien und erläutern Sie diese.
5. Inwieweit lassen sich die zwei folgenden Texte zur Deutung von Kafkas Erzählung nutzen?

„In der Toynbeehalle den Anfang von Michael Kohlhaas gelesen. Ganz und gar mißlungen. Schlecht ausgewählt, schlecht vorgetragen, schließlich sinnlos im Text herumgeschwommen. Musterhafte Zuhörerschaft. Ganz kleine Jungen in der ersten Reihe. Einer sucht seiner unschuldigen Langweile dadurch beizukommen, daß er die Mütze vorsichtig auf den Boden wirft und dann vorsichtig aufhebt und so öfters. Da er zu klein ist, um das vom Sitz aus auszuführen, muß er immer ein wenig vom Sessel sich abgleiten lassen. Wild und schlecht und unvorsichtig und unverständlich gelesen. Und am Nachmittag zitterte ich schon vor Begierde zu lesen, konnte kaum den Mund geschlossen halten."

Tagebucheintrag Franz Kafkas vom 11. 12. 1913

(Kafka, Franz: Schriften – Tagebücher. Kritische Ausgabe. Herausgegeben von Jürgen Born u. a. Band 12: Tagebücher. Herausgegeben von Hans-Gerd Koch, Michael Müller und Malcolm Pasley. Frankfurt/Main: Fischer Taschenbuch Verlag 2002, S. 610 f.)

„Gestern abend habe ich Dir nicht geschrieben, weil es über Michael Kohlhaas zu spät geworden ist (kennst Du ihn? wenn nicht, dann lies ihn nicht! *Ich* werde Dir ihn vorlesen!), den ich bis auf einen kleinen Teil, den ich schon vorgestern gelesen hatte, in einem Zug gelesen habe. Wohl schon zum zehnten Male. Das ist eine Geschichte, die ich mit wirklicher Gottesfurcht lese, ein Staunen faßt mich über das andere, wäre nicht der schwächere, teilweise grob hinuntergeschriebene Schluß, es wäre etwas Vollkommenes, jenes Vollkommene, von dem ich gern behaupte, daß es nicht existiert. (Ich meine nämlich, selbst jedes höchste Literaturwerk hat ein Schwänzchen der Menschlichkeit, welches, wenn man will und ein Auge dafür hat, leicht zu zappeln anfängt und die Erhabenheit und Gottähnlichkeit des Ganzen stört.)"

Franz Kafka an Felice Bauer 9./10. 11. 1913

(Kafka, Franz: Briefe an Felice und andere Korrespondenz aus der Verlobungszeit. Herausgegeben von Erich Heller und Jürgen Born. Frankfurt/Main: Fischer Taschenbuch Verlag 1976, S. 291 f.)

Einstieg 4: **Der Erzählanfang**

Heinrich von Kleist
MICHAEL KOHLHAAS

An den Ufern der Havel lebte, um die Mitte des sechzehnten Jahrhunderts, ein Roßhändler, namens Michael Kohlhaas, Sohn eines Schulmeisters, einer der rechtschaffensten zugleich und entsetzlichsten Menschen seiner Zeit. – Dieser außerordentliche Mann würde, bis in sein dreißigstes Jahr für das Muster eines guten Staatsbürgers haben gelten können. Er besaß in einem Dorfe, das noch von ihm den Namen führt, einen Meierhof, auf welchem er sich durch sein Gewerbe ruhig ernährte; die Kinder, die ihm sein Weib schenkte, erzog er, in der Furcht Gottes, zur Arbeitsamkeit und Treue; nicht einer war unter seinen Nachbarn, der sich nicht seiner Wohltätigkeit, oder seiner Gerechtigkeit erfreut hätte; kurz, die Welt würde sein Andenken haben segnen müssen, wenn er in einer Tugend nicht ausgeschweift hätte. Das Rechtgefühl aber machte ihn zum Räuber und Mörder.
Er …

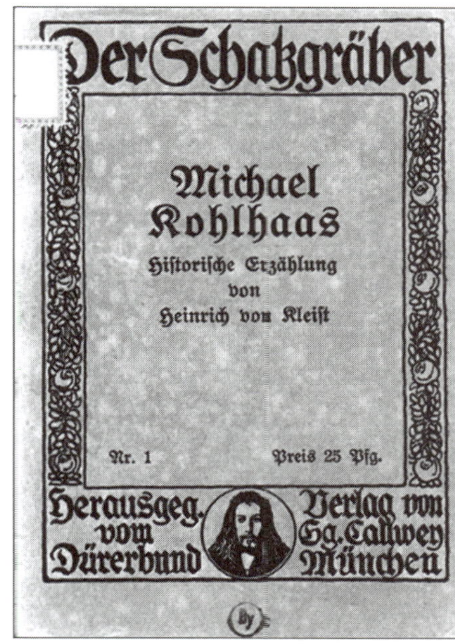

Aufgaben:

1. Der Beginn dieser Erzählung enthält zwei Paradoxien. Welche?
2. Notieren Sie stichpunktartig mehrere mögliche Erklärungen für diese Paradoxien.
3. Verfassen Sie im Anschluss an diesen Textanfang eine kurze Erzählung, die auf diesen Paradoxien aufbaut.

Test zur Überprüfung des Lektürestandes

Aufgabe:

Kreuzen Sie die richtigen Lösungen an. Es können mehrere Möglichkeiten richtig sein.

1. Der angesehene Pferdehändler Michael Kohlhaas wird auf einer Geschäftsreise, bei der er die Landesgrenze von Brandenburg nach Sachsen überqueren muss, an einer Burg durch einen neu aufgestellten Schlagbaum und die Forderung nach einem „Passierschein" aufgehalten. Welchen Namen trägt diese Burg?

- ☐ Trockenburg
- ☐ Trinkenburg
- ☐ Tronkenburg
- ☐ Trankenburg

2. Nach einem Streit stimmen der Junker und der Schlossvogt einer Weiterreise des Pferdehändlers unter einer Bedingung zu. Welche Bedingung wird gestellt? Kohlhaas soll …

- ☐ einen Geldbetrag als „Pfand" bezahlen.
- ☐ eine Vereinbarung unterzeichnen.
- ☐ einen Teil des Verkaufserlöses abgeben.
- ☐ zwei Rappen als „Pfand" zurücklassen.

3. In welcher Stadt erkundigt sich Kohlhaas, ob die Forderung des Junkers nach einem „Passierschein" rechtmäßig ist?

- ☐ Leipzig
- ☐ Dresden
- ☐ Wittenberg
- ☐ Berlin

4. Einige Wochen später gelangt Kohlhaas auf dem Rückweg wieder an die Burg an der Landesgrenze. Er erfährt dort, dass sein(e) …

- ☐ Knecht davongejagt wurde.
- ☐ Pferde abgemagert sind.
- ☐ Pferde auf dem Feld eingesetzt wurden.
- ☐ Knecht abgehauen ist.

5. Mit welchen Personen spricht Kohlhaas, nachdem er wieder nach Hause zurückgekehrt ist?

- ☐ mit seinem Knecht Herse
- ☐ mit seiner Frau Lisbeth
- ☐ mit dem sächsischen Kurfürsten
- ☐ mit dem Kurfürsten von Brandenburg

6. In einem Verhör erzählt ihm sein Knecht Herse, dass …

- ☐ dieser auf der Burg provoziert worden sei.
- ☐ dieser durch Hunde verjagt worden sei.
- ☐ dieser des Diebstahls bezichtigt worden sei.
- ☐ dieser verprügelt worden sei.

7. Überzeugt davon, im Recht zu sein, nimmt sich Kohlhaas einen Anwalt und fordert vor Gericht …

- ☐ die Inhaftierung des Schlossherrn.
- ☐ die Wiederherstellung der Pferde.
- ☐ Schadensersatz für seinen Knecht.
- ☐ den Ersatz der verwahrlosten Pferde.

8. Nach mehreren Wochen erfährt Kohlhaas von seinem Anwalt, dass …

- ☐ er Schadensersatz erhalten werde.
- ☐ die Klage abgewiesen worden sei.
- ☐ die Verhandlungen noch andauerten.
- ☐ man ihm die Pferde ersetzen werde.

9. Kohlhaas schickt seine Frau Lisbeth nach Berlin, um dort Hilfe zu ersuchen. Bei wem?

- ☐ beim Kurfürsten von Brandenburg
- ☐ beim Berliner Stadtsenat
- ☐ beim Kurfürsten von Sachsen
- ☐ beim Landvogt

Test zur Überprüfung des Lektürestandes

10. Bringen Sie durch Einsetzen der Zahlen 1 bis 4 die folgenden Ereignisse in die richtige Reihenfolge!

- ☐ Lisbeth stirbt in den Armen ihres Mannes.
- ☐ Kohlhaas verkauft sein Haus.
- ☐ Kohlhaas stellt dem Junker ein Ultimatum.
- ☐ Lisbeth wird lebensgefährlich verletzt.

11. Auf seinem „Rachefeldzug“ gegen den Junker bedroht, überfällt und verwüstet Kohlhaas Orte und Städte. Welche?

- ☐ Kloster Erlabrunn
- ☐ Wittenberg
- ☐ Dresden
- ☐ Leipzig

12. Kohlhaas ist entschlossen, den Junker in Wittenberg zu ergreifen. Er veröffentlicht zwei Schriften, in denen er sein Vorhaben begründet und seine Forderungen stellt.
Wie werden diese öffentlichen Schriften genannt?

- ☐ Mansarden
- ☐ Mandate
- ☐ Manifeste
- ☐ Manschetten

13. Bringen Sie durch Einsetzen der Zahlen 1 bis 4 die folgenden Ereignisse in die richtige Reihenfolge!

- ☐ Kohlhaas schlägt den Prinz Friedrich von Meißen mit seinen Soldaten bei Mühlberg nieder.
- ☐ Kohlhaas erfährt von der Haushälterin, wohin der Burgherr Wenzel geflüchtet ist.
- ☐ Kohlhaas verkauft Haus und Hof und bringt seine Kinder über die Grenze.
- ☐ Kohlhaas reitet mit seinem Gefolge nach Dresden, weil er vermutet, dort Wenzel zu finden.

14. In der Zwischenzeit haben sich dem Pferdehändler viele Gleichgesinnte angeschlossen. Einer der Anhänger von Kohlhaas heißt …

- ☐ Nagelprobe
- ☐ Nagelschild
- ☐ Nagelschmidt
- ☐ Nagelwand

15. Der Reformator Martin Luther wendet sich in einem Brief an Kohlhaas und macht ihm Vorwürfe. Da Kohlhaas von den Vorwürfen Luthers getroffen ist, versucht er mit ihm in Kontakt zu treten, um sich rechtfertigen zu können. Kohlhaas …

- ☐ schreibt Luther einen Antwortbrief.
- ☐ dringt in dessen Studierzimmer ein.
- ☐ stellt sich einer öffentlichen Diskussion.
- ☐ bittet Luther um ein privates Treffen.

16. Luther erklärt sich schließlich doch bereit, sich für Kohlhaas einzusetzen. Bei wem?

- ☐ beim Kurfürst von Brandenburg
- ☐ beim Kurfürst von Sachsen
- ☐ beim Junker von Tronka
- ☐ bei einem ordentlichen Gericht

17. Bringen Sie durch Einsetzen der Zahlen 1 bis 4 die folgenden Ereignisse in die richtige Reihenfolge!

- ☐ Kohlhaas wird gegen seinen Willen in Dresden festgehalten.
- ☐ Der Abdecker bringt die abgemagerten Pferde auf den Marktplatz von Dresden.
- ☐ Kohlhaas teilt seinem Spießgesellen Nagelschmidt seinen Unmut über dessen Taten mit.
- ☐ Die Stimmung in der Bevölkerung schlägt gegen Kohlhaas um.

Test zur Überprüfung des Lektürestandes

18. Der „Fall Kohlhaas" wird wieder aufgenommen und ihm wird unter bestimmten Voraussetzungen „freies Geleit" zugesichert. Welche Voraussetzungen muss Kohlhaas erfüllen? Er soll …

- ☐ seine Klage gegen den Junker erneuern.
- ☐ seine Forderungen abmildern.
- ☐ seine verwahrlosten Pferde annehmen.
- ☐ seine Waffen niederlegen.

19. Auf dem Schlossplatz von Dresden werden die verwahrlosten Pferde vorgeführt. Sie befinden sich inzwischen im Besitz …

- ☐ eines Pferdehändlers.
- ☐ eines Abdeckers.
- ☐ eines Schlachters.
- ☐ eines Pferdezüchters.

20. In Dresden wird Kohlhaas unter Hausarrest gestellt. Er erhält von einem seiner ehemaligen Anhänger in einem Brief das Angebot, ihn zu befreien. Weil er darauf eingeht, …

- ☐ wird er ins Gefängnis geworfen.
- ☐ wird er zum Tode verurteilt.
- ☐ wird er befreit.
- ☐ wird er ermordet.

21. Bringen Sie durch Einsetzen der Zahlen 1 bis 4 die folgenden Ereignisse in die richtige Reihenfolge!

- ☐ Der brandenburgische Kurfürst erhebt Ansprüche auf Kohlhaas als seinen Untertan.
- ☐ Heinrich von Geusau wird zum Erzkanzler ernannt.
- ☐ Kohlhaas wird von Hinz und Kunz von Tronka auf die Probe gestellt.
- ☐ Kohlhaas trifft auf seiner Reise nach Berlin den Kurfürsten von Sachsen.

22. Dem sächsischen Kurfürsten fällt am Hals des Kohlhaas eine Kapsel auf und er erkundigt sich bei diesem, wie er an die Kapsel gekommen sei. Kohlhaas erzählt, er habe die Kapsel von …

- ☐ einem Freund erhalten.
- ☐ seiner Frau erhalten.
- ☐ einem Händler erhalten.
- ☐ einer Zigeunerin erhalten.

23. In der Kapsel soll sich nach den Aussagen des sächsischen Kurfürsten ein Zettel mit …

- ☐ einer Weissagung befinden.
- ☐ einer geheimen Formel befinden.
- ☐ einem Rezept für ewiges Leben befinden.
- ☐ einem Diamanten befinden.

24. Kohlhaas wird in Berlin in einer Gerichtsverhandlung zum Tode verurteilt. Grund für das Urteil:

- ☐ Mord
- ☐ Diebstahl
- ☐ Landfriedensbruch
- ☐ Betrug

25. Auf dem Richtplatz erfährt Kohlhaas, dass seine Klage gegen den Junker in allen Punkten erfolgreich war. Kurz vor seiner Hinrichtung nimmt Kohlhaas den Zettel aus der Kapsel …

- ☐ und schenkt ihn seinen Söhnen.
- ☐ und verschluckt ihn.
- ☐ und wirft ihn weg.
- ☐ und gibt ihn dem Henker.

Test zur Überprüfung des Lektürestandes

Aufgabe:

Kreuzen Sie die richtigen Lösungen an. Es können mehrere Möglichkeiten richtig sein.

1. Der angesehene Pferdehändler Michael Kohlhaas wird auf einer Geschäftsreise, bei der er die Landesgrenze von Brandenburg nach Sachsen überqueren muss, an einer Burg durch einen neu aufgestellten Schlagbaum und die Forderung nach einem „Passierschein" aufgehalten. Welchen Namen trägt diese Burg?

- [ ] Trockenburg
- [ ] Trinkenburg
- [x] Tronkenburg
- [ ] Trankenburg

2. Nach einem Streit stimmen der Junker und der Schlossvogt einer Weiterreise des Pferdehändlers unter einer Bedingung zu. Welche Bedingung wird gestellt? Kohlhaas soll …

- [ ] einen Geldbetrag als „Pfand" bezahlen.
- [ ] eine Vereinbarung unterzeichnen.
- [ ] einen Teil des Verkaufserlöses abgeben.
- [x] zwei Rappen als „Pfand" zurücklassen.

3. In welcher Stadt erkundigt sich Kohlhaas, ob die Forderung des Junkers nach einem „Passierschein" rechtmäßig ist?

- [ ] Leipzig
- [x] Dresden
- [ ] Wittenberg
- [ ] Berlin

4. Einige Wochen später gelangt Kohlhaas auf dem Rückweg wieder an die Burg an der Landesgrenze. Er erfährt dort, dass sein(e) …

- [x] Knecht davongejagt wurde.
- [x] Pferde abgemagert sind.
- [x] Pferde auf dem Feld eingesetzt wurden.
- [ ] Knecht abgehauen ist.

5. Mit welchen Personen spricht Kohlhaas, nachdem er wieder nach Hause zurückgekehrt ist?

- [x] mit seinem Knecht Herse
- [x] mit seiner Frau Lisbeth
- [ ] mit dem sächsischen Kurfürsten
- [ ] mit dem Kurfürsten von Brandenburg

6. In einem Verhör erzählt ihm sein Knecht Herse, dass …

- [x] dieser auf der Burg provoziert worden sei.
- [x] dieser durch Hunde verjagt worden sei.
- [x] dieser des Diebstahls bezichtigt worden sei.
- [x] dieser verprügelt worden sei.

7. Überzeugt davon, im Recht zu sein, nimmt sich Kohlhaas einen Anwalt und fordert vor Gericht …

- [ ] die Inhaftierung des Schlossherrn.
- [x] die Wiederherstellung der Pferde.
- [x] Schadensersatz für seinen Knecht.
- [ ] den Ersatz der verwahrlosten Pferde.

8. Nach mehreren Wochen erfährt Kohlhaas von seinem Anwalt, dass …

- [ ] er Schadensersatz erhalten werde.
- [x] die Klage abgewiesen worden sei.
- [ ] die Verhandlungen noch andauerten.
- [ ] man ihm die Pferde ersetzen werde.

9. Kohlhaas schickt seine Frau Lisbeth nach Berlin, um dort Hilfe zu ersuchen. Bei wem?

- [x] beim Kurfürsten von Brandenburg
- [ ] beim Berliner Stadtsenat
- [ ] beim Kurfürsten von Sachsen
- [ ] beim Landvogt

Test zur Überprüfung des Lektürestandes

10. Bringen Sie durch Einsetzen der Zahlen 1 bis 4 die folgenden Ereignisse in die richtige Reihenfolge!

- [2] Lisbeth stirbt in den Armen ihres Mannes.
- [3] Kohlhaas verkauft sein Haus.
- [4] Kohlhaas stellt dem Junker ein Ultimatum.
- [1] Lisbeth wird lebensgefährlich verletzt.

11. Auf seinem „Rachefeldzug" gegen den Junker bedroht, überfällt und verwüstet Kohlhaas Orte und Städte. Welche?

- [x] Kloster Erlabrunn
- [x] Wittenberg
- [ ] Dresden
- [x] Leipzig

12. Kohlhaas ist entschlossen, den Junker in Wittenberg zu ergreifen. Er veröffentlicht zwei Schriften, in denen er sein Vorhaben begründet und seine Forderungen stellt. Wie werden diese öffentlichen Schriften genannt?

- [ ] Mansarden
- [x] Mandate
- [ ] Manifeste
- [ ] Manschetten

13. Bringen Sie durch Einsetzen der Zahlen 1 bis 4 die folgenden Ereignisse in die richtige Reihenfolge!

- [4] Kohlhaas schlägt den Prinz Friedrich von Meißen mit seinen Soldaten bei Mühlberg nieder.
- [2] Kohlhaas erfährt von der Haushälterin, wohin der Burgherr Wenzel geflüchtet ist.
- [1] Kohlhaas verkauft Haus und Hof und bringt seine Kinder über die Grenze.
- [3] Kohlhaas reitet mit seinem Gefolge nach Dresden, weil er vermutet, dort Wenzel zu finden.

14. In der Zwischenzeit haben sich dem Pferdehändler viele Gleichgesinnte angeschlossen. Einer der Anhänger von Kohlhaas heißt …

- [ ] Nagelprobe
- [ ] Nagelschild
- [x] Nagelschmidt
- [ ] Nagelwand

15. Der Reformator Martin Luther wendet sich in einem Brief an Kohlhaas und macht ihm Vorwürfe. Da Kohlhaas von den Vorwürfen Luthers getroffen ist, versucht er mit ihm in Kontakt zu treten, um sich rechtfertigen zu können. Kohlhaas …

- [ ] schreibt Luther einen Antwortbrief.
- [x] dringt in dessen Studierzimmer ein.
- [ ] stellt sich einer öffentlichen Diskussion.
- [ ] bittet Luther um ein privates Treffen.

16. Luther erklärt sich schließlich doch bereit, sich für Kohlhaas einzusetzen. Bei wem?

- [ ] beim Kurfürst von Brandenburg
- [x] beim Kurfürst von Sachsen
- [ ] beim Junker von Tronka
- [ ] bei einem ordentlichen Gericht

17. Bringen Sie durch Einsetzen der Zahlen 1 bis 4 die folgenden Ereignisse in die richtige Reihenfolge!

- [1] Kohlhaas wird gegen seinen Willen in Dresden festgehalten.
- [3] Der Abdecker bringt die abgemagerten Pferde auf den Marktplatz von Dresden.
- [2] Kohlhaas teilt seinem Spießgesellen Nagelschmidt seinen Unmut über dessen Taten mit.
- [4] Die Stimmung in der Bevölkerung schlägt gegen Kohlhaas um.

Test zur Überprüfung des Lektürestandes

18. Der „Fall Kohlhaas" wird wieder aufgenommen und ihm wird unter bestimmten Voraussetzungen „freies Geleit" zugesichert. Welche Voraussetzungen muss Kohlhaas erfüllen? Er soll …

- [ ] seine Klage gegen den Junker erneuern.
- [ ] seine verwahrlosten Pferde annehmen.
- [ ] seine Forderungen abmildern.
- [x] seine Waffen niederlegen.

19. Auf dem Schlossplatz von Dresden werden die verwahrlosten Pferde vorgeführt. Sie befinden sich inzwischen im Besitz …

- [ ] eines Pferdehändlers.
- [ ] eines Schlachters.
- [x] eines Abdeckers.
- [ ] eines Pferdezüchters.

20. In Dresden wird Kohlhaas unter Hausarrest gestellt. Er erhält von einem seiner ehemaligen Anhänger in einem Brief das Angebot, ihn zu befreien. Weil er darauf eingeht, …

- [x] wird er ins Gefängnis geworfen.
- [ ] wird er befreit.
- [x] wird er zum Tode verurteilt.
- [ ] wird er ermordet.

21. Bringen Sie durch Einsetzen der Zahlen 1 bis 4 die folgenden Ereignisse in die richtige Reihenfolge!

[2] Der brandenburgische Kurfürst erhebt Ansprüche auf Kohlhaas als seinen Untertan.
[3] Heinrich von Geusau wird zum Erzkanzler ernannt.
[4] Kohlhaas wird von Hinz und Kunz von Tronka auf die Probe gestellt.
[1] Kohlhaas trifft auf seiner Reise nach Berlin den Kurfürsten von Sachsen.

22. Dem sächsischen Kurfürsten fällt am Hals des Kohlhaas eine Kapsel auf und er erkundigt sich bei diesem, wie er an die Kapsel gekommen sei. Kohlhaas erzählt, er habe die Kapsel von …

- [ ] einem Freund erhalten.
- [ ] einem Händler erhalten.
- [ ] seiner Frau erhalten.
- [x] einer Zigeunerin erhalten.

23. In der Kapsel soll sich nach den Aussagen des sächsischen Kurfürsten ein Zettel mit …

- [x] einer Weissagung befinden.
- [ ] einem Rezept für ewiges Leben befinden.
- [ ] einer geheimen Formel befinden.
- [ ] einem Diamanten befinden.

24. Kohlhaas wird in Berlin in einer Gerichtsverhandlung zum Tode verurteilt. Grund für das Urteil:

- [ ] Mord
- [x] Landfriedensbruch
- [ ] Diebstahl
- [ ] Betrug

25. Auf dem Richtplatz erfährt Kohlhaas, dass seine Klage gegen den Junker in allen Punkten erfolgreich war. Kurz vor seiner Hinrichtung nimmt Kohlhaas den Zettel aus der Kapsel …

- [ ] und schenkt ihn seinen Söhnen.
- [ ] und wirft ihn weg.
- [x] und verschluckt ihn.
- [ ] und gibt ihn dem Henker.

Die Stationen der Handlung

A

- ☐ Martin Luther und der Damm der menschlichen Ordnung
- ☐ Zwischen Amnestie und Todesurteil
- ☐ Das Geschäft der Rache
- ☐ Kohlhaas' Ende
- ☐ Kohlhaas als Muster eines guten Staatsbürgers

B

- ☐ Der Abdecker von Döbbeln führt Kohlhaas' Rappen vor ☐
- ☐ Der Kurfürst von Brandenburg greift ein ☐
- ☐ Der Staatsrat verhandelt Kohlhaas' Fall ☐
- ☐ Die Stimmung in der Bevölkerung kippt ☐
- ☐ Die Zigeunerin-Episode aus der Sicht des sächsischen Kurfürsten ☐
- ☐ Die Zigeunerin-Episode aus Kohlhaas' Sicht ☐
- ☐ Ein neuer Schlagbaum behindert Kohlhaas' Reise ☐
- ☐ Herse wird verhört ☐
- ☐ Kohlhaas bedroht das Kloster Erlabrunn ☐
- ☐ Kohlhaas bekommt sein Recht und wird gerichtet ☐
- ☐ Kohlhaas erhält freies Geleit nach Dresden und Amnestie ☐
- ☐ Kohlhaas legt Klage in Dresden ein ☐
- ☐ Kohlhaas resigniert ☐
- ☐ Kohlhaas setzt dem Junker eine letzte Frist ☐
- ☐ Kohlhaas spricht mit Luther ☐
- ☐ Kohlhaas trifft den Kurfürsten von Sachsen ☐
- ☐ Kohlhaas verwüstet die Tronkenburg ☐
- ☐ Kohlhaas wendet sich an den Stadthauptmann von Geusau ☐
- ☐ Kohlhaas wird in Brandenburg zum Tode verurteilt ☐
- ☐ Kohlhaas wird in die Falle gelockt ☐
- ☐ Kohlhaas wird in Sachsen zum Tode verurteilt ☐
- ☐ Kohlhaas zündet Leipzig an ☐
- ☐ Kohlhaas zündet mehrmals Wittenberg an ☐
- ☐ Kohlhaas' Rappen werden misshandelt ☐
- ☐ Kohlhaas schickt seine Frau zum Kurfürsten von Brandenburg ☐
- ☐ Luther setzt sich für Kohlhaas ein ☐
- ☐ Luther wendet sich an Kohlhaas ☐
- ☐ Nagelschmidt schart einen neuen Haufen um sich ☐
- ☐ Versuche, die bleierne Kapsel in Besitz zu bringen ☐

Die Stationen der Handlung

Aufgaben:

1. Ordnen Sie zunächst die Überschriften in A, indem Sie in die Kästchen die Zahlen 1–5 eintragen.
2. Ordnen Sie anschließend die Kurzzusammenfassungen in B den Überschriften zu, indem Sie in das vordere Kästchen die Nummer aus A eintragen. Bringen Sie nun alles in die richtige Reihenfolge. Dazu tragen Sie die entsprechende Zahl in das hintere Kästchen ein.
3. Diskutieren Sie: Sind die Überschriften/Zusammenfassungen gut gewählt? Fehlt etwas?
4. Ergänzen Sie die erstellte Gliederung gegebenenfalls und fassen Sie zu jedem Punkt stichpunktartig die Handlung zusammen.
5. Markieren Sie abschließend Wendepunkte in der Handlung und erläutern Sie jeweils Ursache und Wirkung.

Die Stationen der Handlung

Kohlhaas als Muster eines guten Staatsbürgers

Ein neuer Schlagbaum behindert Kohlhaas' Reise

Kohlhaas' Rappen werden misshandelt

Herse wird verhört

Kohlhaas legt Klage in Dresden ein

Kohlhaas wendet sich an den Stadthauptmann von Geusau

Kohlhaas schickt seine Frau zum Kurfürsten von Brandenburg

Kohlhaas setzt dem Junker eine letzte Frist

Das Geschäft der Rache

Kohlhaas verwüstet die Tronkenburg

Kohlhaas bedroht das Kloster Erlabrunn

Kohlhaas zündet mehrmals Wittenberg an

Kohlhaas zündet Leipzig an

Martin Luther und der Damm der menschlichen Ordnung

Luther wendet sich an Kohlhaas

Kohlhaas spricht mit Luther

Luther setzt sich für Kohlhaas ein

Der Staatsrat verhandelt Kohlhaas' Fall

Kohlhaas erhält freies Geleit nach Dresden und Amnestie

Zwischen Amnestie und Todesurteil

Der Abdecker von Döbbeln führt Kohlhaas' Rappen vor

Die Stimmung in der Bevölkerung kippt

Kohlhaas resigniert

Nagelschmidt schart einen neuen Haufen um sich

Kohlhaas wird in die Falle gelockt

Kohlhaas wird in Sachsen zum Tode verurteilt

Kohlhaas' Ende

Der Kurfürst von Brandenburg greift ein

Kohlhaas trifft den Kurfürsten von Sachsen

Die Zigeunerin-Episode aus Kohlhaas' Sicht

Versuche, die bleierne Kapsel in Besitz zu bringen

Die Zigeunerin-Episode aus der Sicht des sächsischen Kurfürsten

Kohlhaas wird in Brandenburg zum Tode verurteilt

Kohlhaas bekommt sein Recht und wird gerichtet

Handlungsalternativen des Michael Kohlhaas

Gruppenarbeit, sechs Gruppen
Im Folgenden finden Sie sechs Rollenkarten, die jeweils an einem bestimmten Punkt der Handlung ein anderes Agieren/eine andere Entscheidung Michael Kohlhaas' vorsehen. Die Rollenkarte bekommen alle Mitglieder *einer* Gruppe, die daraufhin ein Rollenspiel entwickeln.

Textstelle: S. 12, Z. 63 – S. 16, Z. 174
Handelnde Figuren: Kohlhaas, Schlossvogt

Aufgabe: Entwickeln Sie für die angegebene Situation eine Handlungsalternative für Michael Kohlhaas, die den weiteren Handlungsverlauf evtl. positiv beeinflussen könnte.

Textstelle: S. 37, Z. 2 – S. 38, Z. 927
Handelnde Figuren: Michael Kohlhaas

Aufgabe: Entwickeln Sie in Form eines inneren Monologes eine Handlungsalternative für Michael Kohlhaas, die den weiteren Verlauf der Handlung evtl. positiv beeinflussen könnte.

Textstelle: S. 57, Z. 1544 – S. 61, Z. 1680
Handelnde Figuren: Michael Kohlhaas

Aufgabe: Entwickeln Sie in Form eines inneren Monologes eine Handlungsalternative für Michael Kohlhaas, die den weiteren Verlauf der Handlung evtl. positiv beeinflussen könnte.

Textstelle: S. 64, Z. 1761 – S. 69, Z. 1941
Handelnde Figuren: Michael Kohlhaas, Graf Kallheim, Familie von Tronka, Graf Wrede

Aufgabe: Entwickeln Sie für die angegebene Situation eine Handlungsalternative für Michael Kohlhaas, die den weiteren Handlungsverlauf evtl. positiv beeinflussen könnte.

Textstelle: S. 96, Z. 2830 – S. 100, Z. 2939
Handelnde Figuren: Michael Kohlhaas

Aufgabe: Entwickeln Sie in Form eines Briefes an Nagelschmidt eine Handlungsalternative für Michael Kohlhaas, die den weiteren Verlauf der Handlung evtl. positiv beeinflussen könnte.

Textstelle: S. 111, Z. 3327 – S. 113, Z. 3375
Handelnde Figuren: Michael Kohlhaas, Jagdjunker vom Stein

Aufgabe: Entwickeln Sie für die angegebene Situation eine Handlungsalternative für Michael Kohlhaas, die den weiteren Handlungsverlauf evtl. positiv beeinflussen könnte.

Diskussion im Anschluss an das jeweilige Rollenspiel:

1. Wird die dargestellte Szene dem restlichen Text gerecht?
2. Wie sähe die Konsequenz für die weitere Handlung aus?
3. Wie bewertet die Lerngruppe die Veränderung der Handlung a) für die Verwirklichung von Gerechtigkeit und b) im Hinblick auf die Verhältnismäßigkeit von Unrecht und dem Mittel zur Beseitigung desselben?

Handlungsalternativen des Michael Kohlhaas

Textstelle: S. 12, Z. 63 – S. 16, Z. 174
Mögliche Handlungsalternative:
Kohlhaas greift bereits hier zur Gewalt.

Konsequenz für die weitere Handlung:
Die rechtliche/moralische Beurteilung der Kohlhaas-Figur wäre schwieriger geworden. Die gesamte Aussage der Erzählung hätte sich verändert.

Textstelle: S. 37, Z. 2 – S. 38, Z. 927
Mögliche Handlungsalternative:
Kohlhaas wendet sich selbst an den Kurfürsten.

Konsequenz für die weitere Handlung:
Er bliebe zwar auf dem Rechtsweg, der Erfolg ist jedoch fraglich.

Textstelle: S. 57, Z. 1544 – S. 61, Z. 1680
Mögliche Handlungsalternative:
Kohlhaas geht nicht zu Luther.

Konsequenz für die weitere Handlung:
Er bliebe wohl auf dem Weg der Gewalt, da sich ihm keine Chance auftut, den Weg des Rechts erneut zu versuchen.

Textstelle: S. 64, Z. 1761 – S. 69, Z. 1941
Mögliche Handlungsalternative:
Kohlhaas verhandelt intensiver mit den Adligen.

Konsequenz für die weitere Handlung:
Man könnte die Angelegenheit vielleicht aus der Welt schaffen, aller Wahrscheinlichkeit nach aber nur dann, wenn Kohlhaas Zugeständnisse macht.

Textstelle: S. 96, Z. 2830 – S. 100, Z. 2939
Mögliche Handlungsalternative:
Kohlhaas lehnt das Angebot Nagelschmidts ab.

Konsequenz für die weitere Handlung:
Kohlhaas bleibt im Recht und gibt seinen Gegnern nicht die Möglichkeit, die Amnestie zu brechen. Der Ausgang der Erzählung wäre völlig offen.

Textstelle: S. 111, Z. 3327 – S. 113, Z. 3375
Mögliche Handlungsalternative:
Kohlhaas tauscht sein Leben gegen die Prophezeiung.

Konsequenz für die weitere Handlung:
Kohlhaas wäre noch am Leben, hätte sich jedoch desselben zweifelhaften Werkzeugs (Willkür) bedient wie seine Gegner. Das Recht als Wert hätte am Ende verloren.

Figurenkonstellation

Kurfürst von Brandenburg	Kurfürst von Sachsen	Michael Kohlhaas	Lisbeth Kohlhaas
Heinrich von Geusau	Zigeunerin	Martin Luther	Hinz von Tronka
Nagelschmidt	Kunz von Tronka	Herse	Christiern von Meißen
Graf Wrede	Meister Himboldt	Schlossvogt	Kohlhaas' Kinder
Abdecker von Döbbeln	Wenzel von Tronka	Graf Kallheim	Dame Heloise

Aufgabe:

Gruppenarbeit: Erarbeiten Sie die Personenkonstellation, indem Sie die Figuren anordnen und deren Beziehung zueinander grafisch darstellen und benennen.

➤ Schüler-/innen finden mehr zu diesem Thema im Oldenbourg Textnavigator MICHAEL KOHLHAAS, Kap. 3.2.2

Michael Kohlhaas und der Kurfürst von Sachsen

Aufgaben:

1. Suchen Sie im Text nach Attributen oder Aussagen des Erzählers, die den Kurfürsten von Sachsen und Michael Kohlhaas charakterisieren, und vervollständigen Sie das Schaubild.
2. Worin unterscheiden sich die beiden Figuren im Charakter / in der Figurenzeichnung durch den Erzähler?
3. Beurteilen und begründen Sie: Ist Heinrich von Kleist eine überzeugende Kontrastierung gelungen?

Michael Kohlhaas und der Kurfürst von Sachsen

Aufgabe 1:

Der Kurfürst von Sachsen

- mit ungewissen Blicken (1866)
- für Freundschaft sehr empfänglichen Herzen (1892 f.)
- verlegen (2433)
- Der Kurfürst weigerte sich standhaft, auf den Grund bloß dieses Briefes, dem Kohlhaas das freie Geleit, das er ihm angelobt, zu brechen (2875–2877)
- betretene Frage des Kurfürsten (3100)
- über und über rot (3108 f.)
- errötend (3145)
- fiel er doch schon ohnmächtig auf den Boden nieder (3229 f.)
- nach mehreren vergeblichen Bemühungen, ihn ins Leben zurückzubringen, [...] [gibt er] alle Zeichen von sich, als ob ihn der Schlag gerührt! (3238–3240)
- Symptomen eines herannahenden Nervenfiebers (3249 f.)
- indem er sich den Schweiß abtrocknete (3290 f.)
- schweigend, mit der Gebärde eines ganz Hoffnungslosen (3304 f.)
- starr, mit unruhig klopfendem Herzen lag er da (3311 f.)
- stellte er sich, durch die Kraft seiner natürlichen Gesundheit, nach dem Krankenlager einiger peinlich zugebrachten Wochen wieder her (3388–3390)
- unfähig seinen innersten Zustand zu verbergen (3462)
- Dieser Brief schlug den Kurfürsten völlig nieder (3491 f.)
- Dieser unglückliche Herr (3498)
- Der Kurfürst, aus Gram und Ärger über alle diese mißglückten Versuche, verfiel in eine neue Krankheit (3534 f.)
- während er sich den Schweiß abtrocknete, sank er wieder auf das Lager zurück (3673 f.)
- seinen jammervollen Gedanken preisgegeben (3902 f.)
- durch solchen gelehrten Streit [wurde], statt sie zu zerstreuen, die Unruhe, um nicht zu sagen, Verzweiflung, in welcher sich dieser unglückliche Herr befand, nur geschärft, und zuletzt bis auf einen Grad, der seiner Seele ganz unerträglich war, vermehrt (3915–3919)
- Der Mann mit blauen und weißen Federbüschen sank, bei diesem Anblick, ohnmächtig, in Krämpfen nieder (4090–4092)
- Der Kurfürst von Sachsen kam bald darauf, zerrissen an Leib und Seele, nach Dresden zurück, wo man das Weitere in der Geschichte nachlesen muß. (4102–4105)

Michael Kohlhaas und der Kurfürst von Sachsen

Michael Kohlhaas

- einer der rechtschaffensten zugleich und entsetzlichsten Menschen seiner Zeit (4 f.)
- Muster eines guten Staatsbürgers (7)
- Das Rechtgefühl aber machte ihn zum Räuber und Mörder (16 f.)
- Rechtgefühl, das einer Goldwaage glich (243)
- der keine Freude mehr, weder an seiner Pferdezucht, noch an Haus und Hof, kaum an Weib und Kind hatte (650–652)
- dem es nicht um die Pferde zu tun war – er hätte gleichen Schmerz empfunden, wenn es ein Paar Hunden gegolten hätte – Kohlhaas schäumte vor Wut (670–673)
- mit der widerwärtigsten Erwartung, die seine Brust jemals bewegt hatte (674 f.)
- Schmerz, die Welt in einer so ungeheuren Unordnung zu erblicken (685 f.)
- Der Engel des Gerichts fährt also vom Himmel herab (1000)
- in die Hölle unbefriedigter Rache zurückgeschleudert (1148 f.)
- Schmerz in seiner unglücklichen Brust (1164 f.)
- Mordbrenners (1329, 1415, 1451 u. ö.)
- zerrissenen Brust (1490 f.)
- ehrlichen Kohlhaas (2123)
- Kohlhaas, der mit keiner Miene, was in seiner Seele vorging, zu erkennen gab (2248 f.)
- dessen Wille, durch den Vorfall, der sich auf dem Markt zugetragen, in der Tat gebrochen war (2412 f.)
- sein höchster Wunsch auf Erden erfüllt (4050)

Aufgabe 2:

Mögliche Antworten:

Kohlhaas ist Herr seiner selbst, selbst wenn er in seiner Seele zuweilen zerrissen ist. Er handelt aus redlichen Motiven und ist ein ehrlicher Charakter, der sich an moralischen Werten orientiert. Sein Charakter ist komplex gestaltet: Auch wenn er in erster Linie positiv oder zumindest mitfühlend gezeichnet ist, treten auch negative Züge deutlich hervor.

Der Kurfürst ist in jeder Hinsicht schwach. Seine Entscheidungen folgen nicht moralischen oder juristischen Gesetzen, sondern zielen alleine auf den individuellen Machterhalt. Die Figur bewegt sich zumeist am Rande der Lächerlichkeit und ist nahezu eindimensional gestaltet.

Darstellung des Adels

Aufeinandertreffen von Kämmerer und Junker mit dem Abdecker auf dem Schlossplatz

Bürger
- „unter unendlichem Gelächter" (2138)
- …

Junker Wenzel
- „sagte verlegen" (2143)
- …

Abdecker von Döbbeln
- „beschäftigt war, einen […] Gaul […] zu tränken" (2154)
- …

Kunz von Tronka
- „Orden und Kette entblößend" (2148)
- …

Aufgaben:

1. Lesen Sie die „Schlossplatzszene" (S. 75, Z. 2125 – S. 82, Z. 2373) noch einmal durch und vervollständigen Sie obiges Schaubild, indem Sie analysieren, mit welchen Gestaltungsmitteln Kleist die unterschiedlichen gesellschaftlichen Positionen der beteiligten Figuren kennzeichnet und bewertet (Textstellen zitieren)!
2. Wie verhalten sich die Figuren zueinander? Fügen Sie Pfeile ein und beschriften Sie die Pfeile!
3. Leiten Sie daraus die Absichten und Motive der Beteiligten ab!

Darstellung des Adels

Aufeinandertreffen von Kämmerer und Junker mit dem Abdecker auf dem Schlossplatz

machen sich über den Adel lustig, wollen ein Schauspiel sehen: Sensationslust und Interesse an Kohlhaas' Sache

Bürger
- „unter unendlichem Gelächter" (2138)
- „der hohnlachenden Menge" (2169)
- „weil das Gesindel höhnisch auf ihn einblickte" (22208 f.)
- „mit vor dem Mund zusammengedrückten Schnupftüchern" (2209 f.)
- „während die Bürger, von diesem Auftritt empört, zusammentraten (2339)
- „der ganzen Wut der Menge preisgegeben" (2350)
- „nachdem er den Haufen verjagt" (2355)

Junker Wenzel
- „sagte verlegen" (2143)
- „mit bleichen, bebenden Lippen erwiderte" (2200)
- „vergebens rief" (2345)

will beweisen, dass er sich durchsetzen kann, erkennt seine Machtlosigkeit

wütend auf den Junker; will ihm helfen, die Pferde zurückzuerlangen und den Konflikt zu beenden

Abdecker von Döbbeln
- „beschäftigt war, einen [...] Gaul [...] zu tränken" (2154)
- „schüttete ihn auf das Pflaster der Straße aus" (2167 f.)
- „mit empfindungslosem Eifer seine Geschäfte betrieb" (2170)
- „mit gespreizten Beinen dastand, und sich die Hosen in die Höhe zog" (2178 f.)
- „sein Wasser abgeschlagen hatte" (2185)
- „ging er [...] nach einer Kneipe" (2191–2193)

Kunz von Tronka
- „Orden und Kette entblößend" (2148)
- „einen Blick sprachlosen Grimms voll auf ihn werfend" (2145 f.)
- sagte: daß er der Kämmerer, Kunz von Tronka, wäre" (2171 f.)
- „forderte den Junker auf [...] zu sprechen" (2198 f.)
- „Vater und Mutter [...] verfluchend" (2203)
- „indem er sich den Mantel zurückschlug" (2203 f.)
- „Verlegenheit, in welcher sich die Herren von Tronka befanden" (2224 f.)
- „vor Wut schäumend" (2306 f.)
- „den unglücklich mit Blut bedeckten Kämmerer [...] führten ihn nach Hause" (2358 f.)

muss feststellen, dass der Abdecker ihm nicht den nötigen Respekt entgegenbringt, verliert sein „Gesicht" vor der Menge

kann sich die Respektlosigkeit aufgrund seiner Stellung als Abdecker am untersten Rand der Gesellschaft erlauben; achtet die Rolle des Adels nicht; will sich nichts sagen lassen; will ein „gutes Geschäft machen"

Zusammenfassung der Szene
- Kritik an der Ständegesellschaft
- Kritik am Verhalten des Adels
- Aufbegehren der Bürger
- Machtlosigkeit des Adels

Adelskritik

Material für eine vertiefende Beurteilung der Auseinandersetzung auf dem Schlossplatz:

Informationen über den Junker

Das Wort **Junker** wurde vom mittelhochdeutschen Wort *Juncherre* abgeleitet, was so viel heißt wie „junger Herr"; so bezeichnete man ursprünglich die Söhne von Mitgliedern des Hochadels, die noch nicht zum Ritter geschlagen worden waren. Später gehörten aber auch allgemein die Söhne des Adels und junge Edelleute ohne sonstigen Titel dazu. Die weibliche Form lautet „Junkfrau". In jedem Fall stand dem Junker und der Junkfrau die Anrede „Hochwohlgeborene(r)" zu.
Zu Kleists Zeiten wurde die Bezeichnung kaum oder nur umgangssprachlich und dann oft etwas verächtlich für einen erwachsenen Edelmann von niederem Adel gebraucht. Der „Landjunker" stand in besonders schlechtem Ansehen, denn ihm sollen die feinen Sitten der Stadt und des Hofes nicht bekannt gewesen sein.

Informationen über den Kämmerer

Abgeleitet wurde der Begriff vom Lateinischen *camera*, was soviel wie „Schatzkammer" oder „fürstliches Wohnzimmer" heißt. Im Mittelalter und in der Frühen Neuzeit hatte der Kämmerer eines der Hofämter inne. Er war ein Bediensteter am fürstlichen Hof und fungierte als eine Art Schatzmeister und Verwalter der landesherrlichen Einkünfte. Später verlor er diese Funktion und wurde eine Art Kammerdiener. Heute bezeichnet man den denjenigen Bediensteten, der für das Finanzwesen in einer Kommune zuständig ist, als **(Stadt-)Kämmerer** (auch *Stadtpfleger* oder *Gemeindepfleger*).

Informationen über den Abdecker

BSE und Schweineseuche bestimmen heute stoßweise die Berichterstattung. In früheren Jahren grassierten Viehseuchen aber in noch stärkerem Maße. So war die geordnete Beseitigung des verendeten Viehs sehr wichtig. Es bildete sich allmählich der Beruf des **Abdeckers** heraus, dessen Hauptaufgabe die Beseitigung und Verwertung von Tierkadavern war. Produkte aus dieser Verwertung waren Fette, Leim, Knochenmehl, Seife, Salmiak, Bleichmittel und Viehfutter. Neben der Beseitigung des verendeten Viehs hatte der Abdecker aber noch andere „anrüchige" Aufgaben zu erfüllen, wie die Leerung der Aborte von Burgen, das Erschlagen umherstreunender Hunde während der „Hundstage" und die Aufzucht von Hetzhunden für die Herrschaften.
Im Allgemeinen waren Scharfrichter die Besitzer oder Pächter von Abdeckereien, die meist ihre Knechte die nicht ganz ekelfreie Arbeit verrichten ließen. Darum stand der Scharfrichtermeister auch sozial höher als der Abdecker. So erließ die Markgräflich Badische Regierung 1742/1743 noch folgende Verordnung:
§ 1 Schinders- und Henkersknechte sollen in den Wirtsstuben an einem separaten Tisch besonders gesetzt und aus besonderen für sie allein zu haltenden Geschirren bewirtet werden.
§ 2 Dieses soll aber nicht von Scharfrichtern verstanden, sondern solche gleich anderen Gästen bewirtet werden.
Abdecker mussten außerhalb der Stadt wohnen. Um ihre Behausung lag oft abgehäutetes, verwesendes Vieh, das scheußlich stank und Fliegen und Raben anzog. Der Weg zu einem solchen Quartier wurde oft Rabengasse genannt.

(Quelle: http://www.tr62.de/1/scharf5.html)

Aufgaben:

1. Entwerfen Sie eine Grafik, die die gesellschaftlichen Schichten zur Zeit des Michael Kohlhaas zeigt, und tragen Sie die an der „Schlossplatzszene" (S. 75, Z. 2125 – S. 82, Z. 2373) beteiligten Figuren in die Grafik ein!
2. „Kleist übt in dieser Szene Adelskritik." Diskutieren Sie diese These!

Fünf der Beteiligten in einer Talkshow

Einige Jahrhunderte nach den Ereignissen in Sachsen und Brandenburg werden Michael Kohlhaas, der Junker Wenzel, der Kurfürst von Sachsen, Kunz von Tronka sowie Martin Luther in eine Talkshow eingeladen, um über die damaligen Vorkommnisse zu sprechen. Der zeitliche Abstand ermöglicht einen nüchternen und reflektierten Blick auf das eigene Handeln damals. Im Gespräch soll die Gegenwart nicht von Bedeutung sein.

Aufgaben:

1. Bereiten Sie in Gruppenarbeit (sechs Gruppen) die Diskussion vor. Achten Sie insbesondere darauf, dass die Handlungsmotive, das Weltbild sowie der Charakter der jeweiligen Figur authentisch sind.
   Gruppe 1 (Moderator/in)
   Gruppe 2 (Kohlhaas)
   Gruppe 3 (Junker Wenzel)
   Gruppe 4 (Kurfürst von Sachsen)
   Gruppe 5 (Kunz von Tronka)
   Gruppe 6 (Martin Luther)
2. Führen Sie die Talkshow anschließend mit jeweils einem Mitglied jeder Gruppe durch. Die restlichen Gruppenmitglieder einer Gruppe beobachten besonders den Vertreter *einer* anderen Gruppe (Moderatoren-Gruppe beobachtet Kohlhaas, Kohlhaas-Gruppe den Kurfürsten etc.): Werden die Teilnehmer der literarischen Vorlage gerecht? Gelingt es der Moderation, erhellende Fragen zu stellen? Wie gelingt das?
3. Bewerten Sie anhand Ihres Rollenspiels für jede einzelne Figur abschließend Funktion und Bedeutung für die Erzählung.

Szenen einer Ehe: **Lisbeth und Michael Kohlhaas**

Was ist das Standbildverfahren?

Realisierungsform der szenischen Interpretation, mit der deutlich werden soll, welches Verhältnis Personen zueinander haben oder wie sich dieses entwickelt (mehrere Standbilder).
Für die Realisierung muss man:

- eine oder mehrere Textstellen aussuchen
- sich in die jeweilige Figur hineinversetzen und herausfinden, wie diese zu der/den anderen Figur/en steht
- mit Position, Körperhaltung, Gestik und Mimik dieses zum Ausdruck bringen

In einer gemeinsamen Reflexion sollte erörtert werden, ob die Standbilder dem Text gerecht werden.

Aufgaben:

1. Beschreiben Sie obige Abbildungen:
   In welchem Verhältnis stehen die Personen zueinander?
2. Suchen Sie aus Michael Kohlhaas diejenigen Textstellen heraus, in denen Michael mit Lisbeth kommuniziert.
3. Bereiten Sie in Gruppenarbeit Standbilder (s. Methodenkasten) zu diesen Textstellen vor.
4. Beschreiben Sie anhand der Standbilder das Verhältnis der Eheleute.

Zufall

Textstelle	Zusammenhang	Konsequenz für den weiteren Handlungsverlauf
„Es traf sich, daß der Stadthauptmann eben, am Rande des Kessels, in welchen Kohlhaas den Herse gelegt hatte, gegenwärtig war, um einige Anordnungen zu treffen, als jener, durch einen Boten, den ihm seine Frau nachschickte, den niederschlagenden Brief seines Rechtsgehülfen aus Dresden empfing." (S. 28, Z. 590 – S. 29, Z. 595)		
„Es traf sich aber, daß die Krone Polen grade damals, indem sie mit dem Hause Sachsen [...] im Streit lag, den Kurfürsten von Brandenburg, in wiederholten und dringenden Vorstellungen anging, sich mit ihr in gemeinschaftlicher Sache gegen das Haus Sachsen zu verbinden." (S. 101, Z. 2986 – 2992)		
„Es traf sich, daß der Kurfürst von Sachsen [...] zu einem großen Hirschjagen [...] nach Dahme gereist war [...], als der Roßhändler langsam mit seiner Reuterbedeckung die Straße von Dresden dahergezogen kam." (S. 103, Z. 3063 – S. 104, Z. 3080)		
„[...] und wie denn die Wahrscheinlichkeit nicht immer auf seiten der Wahrheit ist, so traf es sich, daß hier etwas geschehen war, das wir zwar berichten: die Freiheit aber, daran zu zweifeln, demjenigen, dem es wohlgefällt, zugestehen müssen: der Kämmerer hatte den ungeheuersten Mißgriff begangen, und in dem alten Trödelweib, das er in den Straßen von Berlin aufgriff, um die Zigeunerin nachzuahmen, die geheimnisreiche Zigeunerin selbst getroffen, die er nachgeahmt wissen wollte." (S. 125, Z. 3792 – S. 126, Z. 3801)		

Aufgaben:

1. Vervollständigen Sie obige Tabelle, indem Sie a) die angegebenen Textstellen in den Kontext der Gesamthandlung einordnen, b) die Konsequenz des Zufalls für den weiteren Handlungsverlauf erläutern.
2. Diskutieren Sie die Funktion des Zufalls in der Erzählung.

Zufall

Textstelle	Zusammenhang	Konsequenz für den weiteren Handlungsverlauf
„Es traf sich, daß der Stadthauptmann eben, am Rande des Kessels, in welchen Kohlhaas den Herse gelegt hatte, gegenwärtig war, um einige Anordnungen zu treffen, als jener, durch einen Boten, den ihm seine Frau nachschickte, den niederschlagenden Brief seines Rechtsgehülfen aus Dresden empfing." (S. 28, Z. 590 – S. 29, Z. 595)	Kohlhaas' Klage in Dresden war gerade niedergeschlagen worden und der Stadthauptmann bietet sich an, zu helfen.	Ein zweiter legaler Versuch wird unternommen, sich Recht zu verschaffen.
„Es traf sich aber, daß die Krone Polen grade damals, indem sie mit dem Hause Sachsen [...] im Streit lag, den Kurfürsten von Brandenburg, in wiederholten und dringenden Vorstellungen anging, sich mit ihr in gemeinschaftlicher Sache gegen das Haus Sachsen zu verbinden." (S. 101, Z. 2986 – 2992)	Brandenburg hat einen Konflikt mit Sachsen, den der Erzkanzler für Kohlhaas zu nutzen gedenkt.	Brandenburg forciert und erreicht schließlich die Auslieferung Kohlhaas' und verurteilt ihn nach dortigem Recht.
„Es traf sich, daß der Kurfürst von Sachsen [...] zu einem großen Hirschjagen [...] nach Dahme gereist war [...], als der Roßhändler langsam mit seiner Reuterbedeckung die Straße von Dresden dahergezogen kam." (S. 103, Z. 3063 – S. 104, Z. 3080)	Kohlhaas und der Kurfürst begegnen sich und erleben gemeinsam die „Kapselepisode".	Kohlhaas kommt in Besitz der Kapsel und erlangt damit Macht über den Kurfürsten. Die Handlung erhält eine komplette Wendung.
„[...] und wie denn die Wahrscheinlichkeit nicht immer auf seiten der Wahrheit ist, so traf es sich, daß hier etwas geschehen war, das wir zwar berichten: die Freiheit aber, daran zu zweifeln, demjenigen, dem es wohlgefällt, zugestehen müssen: der Kämmerer hatte den ungeheuersten Mißgriff begangen, und in dem alten Trödelweib, das er in den Straßen von Berlin aufgriff, um die Zigeunerin nachzuahmen, die geheimnisreiche Zigeunerin selbst getroffen, die er nachgeahmt wissen wollte." (S. 125, Z. 3792 – S. 126, Z. 3801)	Beim Versuch, durch eine List die Kapsel zu erlangen, greift der Handlanger des Kurfürsten die Zigeunerin, die Kohlhaas warnen kann.	Kohlhaas wird vor dem Kurfürsten gewarnt, das Moment des Unheimlichen wird gestärkt und dadurch, dass Kohlhaas die Macht, die er erhält, nicht nutzt, kann er sich schließlich als standhaft erweisen.

Willkür

Am Schlagbaum (S. 12, Z. 50 – S. 16, Z. 174)

Personen: Wenzel von Tronka, Schlossvogt

Willkürakt: Verlangen von Passierschein, Einbehaltung der Pferde ohne Rechtsgrundlage

Motivation: evtl. Spaß an der Macht, dann Nutzen der Pferde

Rechtmäßiges Vorgehen:
Man hätte Kohlhaas passieren lassen müssen

____

Personen: ____________________

Willkürakt: ____________________

____

Motivation: ____________________

____

____

Rechtmäßiges Vorgehen:

____

Willkür

____

Personen: ____________________

Willkürakt: ____________________

____

Motivation: ____________________

____

____

Rechtmäßiges Vorgehen:

____

____

Personen: ____________________

Willkürakt: ____________________

____

Motivation: ____________________

____

____

Rechtmäßiges Vorgehen:

____

Willkür ist …

Aufgaben:

1. Vervollständigen Sie das obige Schaubild, indem Sie
   a. drei weitere Fälle benennen, in denen Kohlhaas das Opfer von Willkür wird;
   b. ausführen, von wem die Willkür ausgeht und worin diese besteht;
   c. darlegen, aus welchen Motiven gehandelt wurde;
   d. darlegen, wie rechtlich korrekt hätte gehandelt werden müssen und
   e. aus den dargestellten Fällen eine Definition des Begriffes Willkür ableiten.
2. Inwieweit sind Sie selbst bereits Opfer von Willkürakten geworden? Diskutieren Sie.

Willkür

Am Schlagbaum (S. 12, Z. 50 – S. 16, Z. 174)

Personen: Wenzel von Tronka, Schlossvogt

Willkürakt: Verlangen von Passierschein, Einbehaltung der Pferde ohne Rechtsgrundlage

Motivation: evtl. Spaß an der Macht, dann Nutzen der Pferde

Rechtmäßiges Vorgehen:
Man hätte Kohlhaas passieren lassen müssen

Niederschlagung der Klage
(S. 26, Z. 523 – S. 28, Z. 572)

Personen: Hinz und Kunz von Tronka

Willkürakt: Kohlhaas' Klage wird niedergeschlagen

Motivation: Eigeninteresse
(Hinz und Kunz sind Vettern des Junkers)

Rechtmäßiges Vorgehen:
Die Klage wird verhandelt

Willkür

Die Eingabe in Brandenburg
(S. 29, Z. 615 – S. 31, Z. 662)

Personen: Graf Kallheim

Willkürakt: Die Eingabe in Brandenburg wird nicht weiterverfolgt

Motivation: Eigeninteresse
(Graf Kallheim ist mit dem Junker verschwägert)

Rechtmäßiges Vorgehen:
Engagement in Sachsen für Kohlhaas

Versuch, an die Kapsel zu gelangen
(S. 111, Z. 3327 – S. 113, Z. 3375)

Personen: Kurfürst von Sachsen

Willkürakt: Versucht die Bestrafung Kohlhaas' trotz Urteil aufzuheben

Motivation: Eigeninteresse: Möchte an die Kapsel gelangen

Rechtmäßiges Vorgehen:
Durchsetzung des Urteils gegen Kohlhaas

Willkür ist eine motivierte Ungleichbehandlung von Gleichem oder die Gleichbehandlung von Ungleichem durch die Obrigkeit

Recht vs. Gerechtigkeit

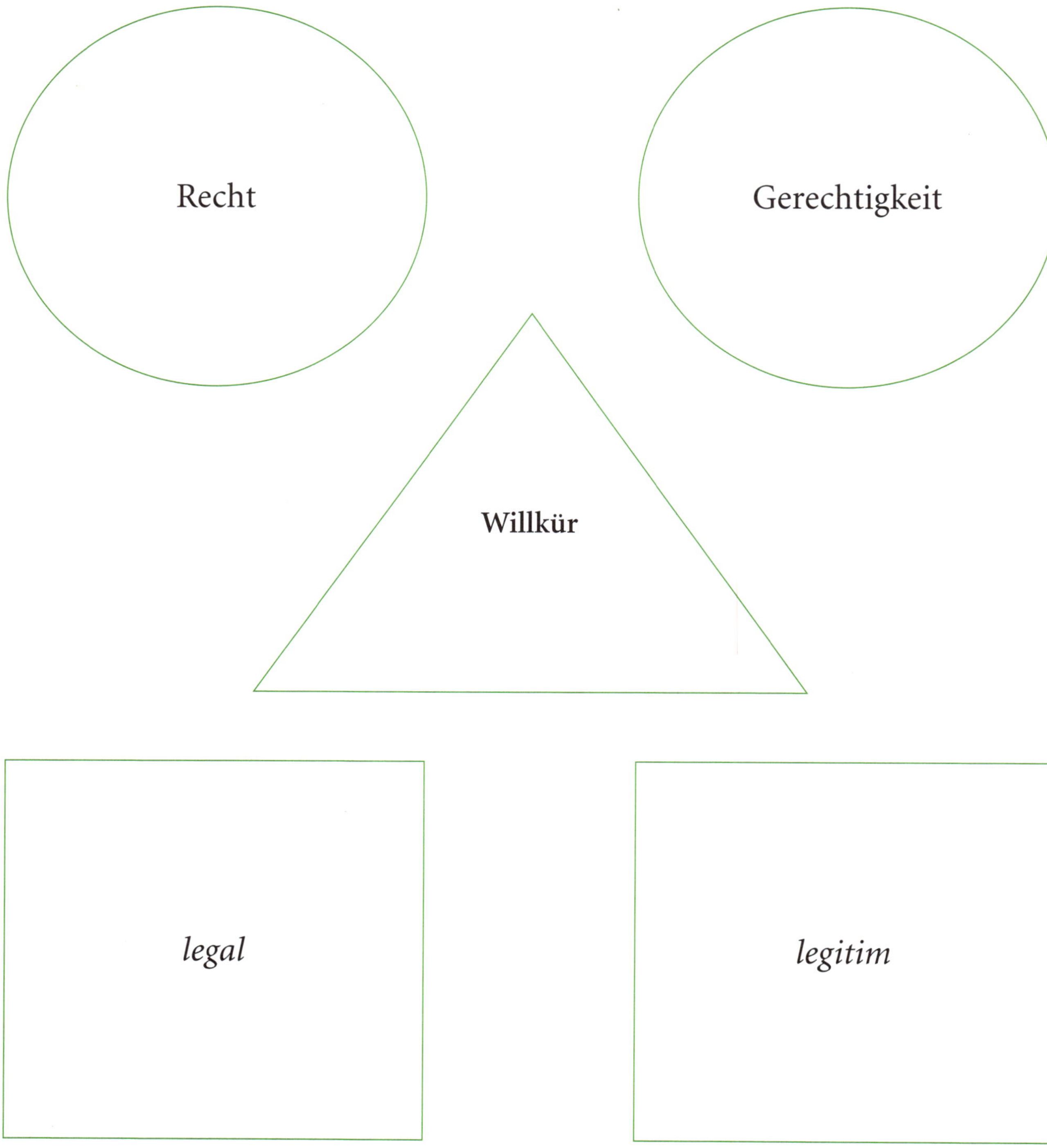

Aufgaben:

1. Klären Sie die Bedeutung der oben stehenden Begriffe.
2. Ordnen Sie einzelne Aspekte der Erzählung (z. B. Schlagbaumszene, Kohlhaas übt Gewalt aus, Kohlhaas wird verurteilt etc.) den obigen Begriffen zu.
3. Setzen Sie alle fünf Begriffe in eine grafische Beziehung zueinander. Dafür können Sie die Anordnung ändern. Beschreiben und erläutern Sie diese anschließend jeweils verbal.

Die Zigeunerin-Episode – Textanalyse (S. 107, Z. 3172 – S. 108, Z. 3222)

Der Kurfürst, der hinter den Jagdjunkern stand, und eine kleine bleierne Kapsel, die ihm an einem seidenen Faden vom Hals herabhing, bemerkte, fragte ihn, da sich grade nichts Besseres zur Unterhaltung darbot: was diese zu bedeuten hätte und was darin befindlich wäre? Kohlhaas erwiderte: „Ja, gestrenger Herr, diese Kapsel!" – und damit streifte er sie vom Nacken ab, öffnete sie und nahm einen kleinen mit Mundlack versiegelten Zettel heraus – „mit dieser Kapsel hat es eine wunderliche Bewandtnis!

[…]

Da trafen sie auf eine Zigeunerin, die, auf einem Schemel sitzend, dem Volk, das sie umringte, aus dem Kalender wahrsagte, und fragten sie scherzhafter Weise: ob sie ihnen nicht auch etwas, das ihnen lieb wäre, zu eröffnen hätte? Ich, der mit meinem Haufen eben in einem Wirthshause abgestiegen, und auf dem Platz, wo dieser Vorfall sich zutrug, gegenwärtig war, konnte hinter allem Volk, am Eingang einer Kirche, wo ich stand, nicht vernehmen, was die wunderliche Frau den Herren sagte; dergestalt, daß, da die Leute lachend einander zuflüsterten, sie teile nicht jedermann ihre Wissenschaft mit, und sich des Schauspiels wegen das sich bereitete, sehr bedrängten, ich, weniger neugierig, in der Tat, als um den Neugierigen Platz zu machen, auf eine Bank stieg, die hinter mir im Kircheneingange ausgehauen war. Kaum hatte ich von diesem Standpunkt aus, mit völliger Freiheit der Aussicht, die Herrschaften und das Weib, das auf dem Schemel vor ihnen saß und etwas aufzukritzeln schien, erblickt: da steht sie plötzlich auf ihre Krücken gelehnt, indem sie sich im Volk umsieht, auf; faßt mich, der nie ein Wort mit ihr wechselte, noch ihrer Wissenschaft Zeit seines Lebens begehrte, ins Auge; drängt sich durch den ganzen dichten Auflauf der Menschen zu mir heran und spricht: „da! wenn es der Herr wissen will, so mag er dich danach fragen!" Und damit, gestrenger Herr, reichte sie mir mit ihren dürren knöchernen Händen diesen Zettel dar. Und da ich betreten, während sich alles Volk zu mir umwendet, spreche: Mütterchen, was auch verehrst du mir da? antwortet sie, nach vielem unvernehmlichen Zeug, worunter ich jedoch zu meinem großen Befremden meinen Namen höre: „ein Amulett, Kohlhaas, der Roßhändler; verwahr es wohl, es wird dir dereinst das Leben retten!" und verschwindet.

Steht im Kontrast zu „der Kette, die ihm [dem Kurfürsten] vom Halse herabhing" (S. 106, Z. 3141 f.) und dem Gold der Mächtigen, aber analog zum „bleiernen Kamm" (S. 80, Z. 2289) des Abdeckers. Die Kette des Kurfürsten als Symbol der offenen Macht, Kohlhaas' Kapsel als Symbol verborgener Macht

Zigeunerin und Volk

Zigeunerin hat es nicht nötig, mit dem Adel zu sprechen (wie der Abdecker, vgl. S. 75, Z. 2125 – S. 82, Z. 2373 – auch dort besondere Bedeutung des Volkes!)

Kohlhaas ist eher distanziert der Zigeunerin gegenüber, im Gegensatz zum Kurfürsten, der die Wahrsagung unbedingt haben möchte

Die Zigeunerin stellt nach außen nichts dar, hat aber mehr Kraft als der Kurfürst

Kohlhaas trotzt der Wahrsagung!

Aufgaben:

1. Vervollständigen Sie die Textanalyse, indem Sie weitere besondere Merkmale des Textausschnitts benennen.
2. Verfahren Sie in ähnlicher Weise in den weiteren Textabschnitten, in denen die Zigeunerin und deren Wahrsagung von Bedeutung sind.
3. Fertigen Sie ein Schaubild (z. B. in Form einer Mind-Map) an, auf dem Sie Assoziationen zur Zigeunerin und ihrer Wahrsagung festhalten.

Die Zigeunerin-Episode – Analyse der Textstruktur

Erzählverlauf	Handlungsverlauf
Kohlhaas geht als Muster eines guten Staatsbürgers den Weg des Rechts, bis seine Frau stirbt.	
Kohlhaas geht als Mordbrenner den Weg brutaler Gewalt, bis Martin Luther eingreift.	
Kohlhaas begibt sich wieder auf den Weg des Rechts, indem er sich auf den Weg nach Dresden macht.	
Kohlhaas bekommt die wundersame Kapsel der Zigeunerin.	
Der Kurfürst von Sachsen ist bemüht, an die Wahrsagung zu kommen.	
Michael Kohlhaas wird zum Tode verurteilt und hingerichtet.	

Aufgaben:

1. Die Chronologie der Handlung entspricht nicht der Chronologie der Erzählung. Ordnen Sie auf der rechten Seite den tatsächlichen Verlauf der Handlung an. Formulieren Sie dazu gegebenenfalls neue Zusammenfassungen.
2. Welche Bedeutung hätte es für den Inhalt gehabt, wäre der Erzähler in seiner Darstellung streng chronologisch vorgegangen?

Die Zigeunerin-Episode – Analyse der Textstruktur

Erzählverlauf	Handlungsverlauf
Kohlhaas geht als Muster eines guten Staatsbürgers den Weg des Rechts, bis seine Frau stirbt.	Kohlhaas geht als Muster eines guten Staatsbürgers den Weg des Rechts, bis seine Frau stirbt.
Kohlhaas geht als Mordbrenner den Weg brutaler Gewalt, bis Martin Luther eingreift.	Kohlhaas bekommt die wundersame Kapsel der Zigeunerin.
Kohlhaas begibt sich wieder auf den Weg des Rechts, indem er sich auf den Weg nach Dresden macht.	Kohlhaas geht als Mordbrenner den Weg brutaler Gewalt, bis Martin Luther eingreift.
Kohlhaas bekommt die wundersame Kapsel der Zigeunerin.	Kohlhaas begibt sich wieder auf den Weg des Rechts, indem er sich auf den Weg nach Dresden macht.
Der Kurfürst von Sachsen ist bemüht, an die Wahrsagung zu kommen.	Der Kurfürst von Sachsen ist bemüht, an die Wahrsagung zu kommen.
Michael Kohlhaas wird zum Tode verurteilt und hingerichtet.	Michael Kohlhaas wird zum Tode verurteilt und hingerichtet.

Die Zigeunerin-Episode – (Be-)Deutung

„Diese wunderbare Zigeunerin, [...] diese grauende Achtung, die der Verfasser selber vor den Geschöpfen seiner Phantasie empfindet, alles dies erinnert an so manches schwache Produkt unserer Tage und an die gewöhnten Bedürfnisse der Lesewelt, daß wir uns nicht ohne eine gewisse Wehmut davon überzeugen, daß selbst so hervorragende Autoren, wie Kleist (der sonst nichts mit diesen Krankheiten des Tages gemein hat), dennoch der Zeit, die sie hervorgerufen hat, ihren Tribut abtragen müssen“
Tieck, Ludwig: Vorrede zu Kleists hinterlassenen Schriften

„Wie die Tendenz dann freilich, sobald sie sich unkünstlerischer Mittel bedient, auch das edelste Kunstwerk zerstören kann, verrät [...] Kleists [...] Michael Kohlhaas, die schönste seiner Erzählungen. Zur Hälfte oder zu zwei Dritteln ist sie über jedes Lob erhaben, auch deshalb, weil sich der junkerliche Trotz des Dichters zum Kampfe eines starken Mannes für sein gutes Recht verklärt, aber dann zerfasert sie sich in eine abgeschmackte Zigeunergeschichte um in einen bei den Haaren herbeigezogenen Zusammenhang den König von Sachsen als Napoleonischen Vasallen mit dem schmächlichen Untergang seines Geschlechts zu bedrohen.“
Mehring, Franz: Aufsätze zur deutschen Literaturgeschichte

„Individualpsychologisch ist es Rache; in der höheren Konzeption der Erzählung macht es den Sieg der Gerechtigkeit vollkommen. [...] Tatsächlich bedarf diese Episode keiner Rechtfertigung. Sie krönt die Erzählung.“
Blöcker, Günter: Heinrich von Kleist oder: Das absolute Ich

„So hätte nach unserer Meinung die Erscheinung der wahrsagenden Zigeunerin gegen das Ende ohne Schaden wegfallen können“
Brüder Grimm, Unbekannte Rezensionen

„Daher ist die Zigeunerin-Episode von zentraler Bedeutung und keinesfalls als bloße Reminiszenz an den Zeitgeist zu verstehen [...]. Ganz im Gegenteil: Heinrich von Kleist setzt seiner Zeit mit Michael Kohlhaas einen Menschen entgegen, der den metaphysischen Kräften nicht nur zu widerstehen, sondern sogar zu trotzen vermag.“
Brand, Tilman von: Oldenbourg Interpretationen

„Kleist hebet aber den historischen Charakter noch weiter auf, indem er das Geschehen aus dem Bereich nüchtern erzählter Wirklichkeit ins mystisch Geheimnisvolle überleitet. Die Erbärmlichkeit des sächsischen Kurfürsten wird nämlich durch eine Episode erhellt, die dem letzten Drittel der Erzählung ihren Charakter verleiht. [...] So ist auch die Fortsetzung des „Kohlhaas“ als ein Versuch einer solchen Zusammenbündelung widersprechender Stilelemente anzusehen, der zur Verdeutlichung der eigentlichen Gestaltungsabsicht dienen sollte.“
Kollektiv für Literaturgeschichte: Zwischen Klassik und Romantik

„Durch das Eingreifen magischer Kräfte (Zigeunerin, Wahrsagung und Kapsel) gibt Kleist seinem Kohlhaas, der inzwischen ja längst der Erleidende des Geschicks geworden ist, gegen Ende der Erzählung noch einmal die Möglichkeit zur Aktivität. [...] Die Sache des Kohlhaas gewinnt hier einen geradezu magischen Charakter; und wenn Kleist jetzt Mächte in die Erzählung hineinspielen läßt, die sich kausal nicht mehr erklären lassen, so will er damit auf jene höhere Verknüpfung der Dinge hindeuten, um die es ihm gerade im Abschluss seiner Erzählung zu tun ist.“
Wiese, Benno von: Die deutsche Novelle von Goethe bis Kafka.

„Wenn diese Botin des Jenseits den Zettel, der das Schicksal des Staates enthält, statt in die Hände des Herrschers, in die des Rebellen ‚hinter allem Volk‘ legt, so mag damit angedeutet sein, daß auch die vom unfähigen Herrscher verspielte Souveränität in die Hände des Volkes zurückgeht.“
Müller, Richard W.: Kleists „Michael Kohlhaas“

Aufgaben:

1. Analysieren Sie die vorliegenden Texte. Welche Kategorien werden verwendet?
2. Verfassen Sie auf Grundlage Ihrer eigenen Analyseergebnisse zum Inhalt und zur Struktur und unter Bezugnahme auf (einige) der hier vorliegenden Interpretationen einen Aufsatz, eine Analyse, Interpretation und Wertung der Zigeunerin-Episode enthält.

➤ Schüler-/innen finden mehr zu diesem Thema im Oldenbourg Textnavigator Michael Kohlhaas, Kap. 5.5

Aufklärung vs. Absolutismus – Kant und Luther

MARTIN LUTHER: Ob Kriegsleute auch in seligem Stande sein können (1526)

„[…] Ein Amt oder eine Tat kann an sich sehr wohl gut und richtig sein, aber doch böse und falsch, wenn die Person oder der Täter nicht gut oder richtig ist oder nichts richtig macht. Das Amt eines Richters ist hoch zu achten. Es ist ein göttliches Amt, ob er nun mit dem Munde Recht spricht oder es als Scharfrichter mit der Faust vollzieht. Wenn es aber einer an sich reißt, dem es nicht übertragen ist, oder wenn der, dem es übertragen ist, nach Geld und Gunst entscheidet, so ist es schon nicht mehr recht noch gut. […] Wenn sich die Untertanen gegen die Obrigkeit stellen, rächen sie sich selber und machen sie sich selber zum Richter. Und das ist nicht nur gegen Ordnung und Gebot Gottes, der sich Gericht und Rache selbst vorbehalten hat, sondern auch gegen jedes natürliche Gesetz und jede Billigkeit […]. Wenn es so gehen sollte, dass ein jeder, der recht hat, den, der unrecht hat, selber bestrafen könnte, was sollte daraus in der Welt werden? Da würde es dazu kommen, dass der Knecht den Herrn, die Magd die Herrin, Kinder die Eltern und Schüler den Lehrer schlagen. Das würde eine lobenswerte Ordnung werden! Wozu brauchte man dann Richter und eine von Gott eingesetzte Obrigkeit? […]“

(Luther, Martin: Der Christ in der Welt, Stuttgart 1967)

IMMANUEL KANT: Kritik der praktischen Vernunft (1788)

„[…] Handle so, dass die Maxime deines Handelns jederzeit zugleich als Prinzip einer allgemeinen Gesetzgebung gelten kann. […] Aufklärung ist der Ausgang des Menschen aus seiner selbst verschuldeten Unmündigkeit. Unmündigkeit ist das Unvermögen, sich seines Verstandes ohne Leitung eines anderen zu bedienen. Selbst verschuldet ist diese Unmündigkeit, wenn die Ursache derselben nicht am Mangel des Verstandes, sondern der Entschließung und des Mutes liegt, sich seiner ohne Leitung eines anderen zu bedienen. Sapere aude! Habe Mut, dich deines eigenen Verstandes zu bedienen! […]“ [[Abbildung von Kant noch ergänzen]]

(Kant, Immanuel: Kritik der praktischen Vernunft, hrsg. von Horst D. Brandt und Heiner F. Klemme, Hamburg: Meiner 2003)

Aufgaben

1. Heinrich von Kleists Weltanschauung baut auf wesentlichen Gedanken der Aufklärung auf. Er folgt den Ideen Immanuel Kants. In MICHAEL KOHLHAAS trifft diese Weltanschauung auf die Realität des Absolutismus. Vergleichen Sie die in den beiden Materialien deutlich werdenden Positionen. Erstellen Sie dazu eine tabellarische Übersicht.
2. Bilden Sie zwei Gruppen. Während sich Gruppe 1 mit den Ansichten Martin Luthers auseinandersetzt, widmet sich Gruppe 2 den Vorstellungen Immanuel Kants. Bereiten Sie ein Streitgespräch der beiden vor und führen Sie es durch. Dabei sitzen sich ausgewählte Vertreter beider Gruppen gegenüber und vertreten die jeweilige Position. Versuchen Sie herauszufinden, ob es einen Konsens zwischen beiden Positionen geben kann.
3. Beurteilen Sie, inwieweit es Heinrich von Kleist gelungen ist, in MICHAEL KOHLHAAS diese beiden unterschiedlichen Positionen in einer Handlung zu verbinden.

Gottesgnadentum vs. Vertragslehre – Kohlhaas' Auseinandersetzung mit Luther

Martin Luther: An Hans Kohlhase, Bürger zu Cölln an der Spree

Wittenberg, 8. Dezember 1534

Gnad und Fried in Christo! Mein guter Freund! Es ist mir fürwahr Euer Unfall leid gewesen, und noch, das weiß Gott; und wäre wohl zuerst besser gewesen, die Rache nicht furzunehmen, dieweil dieselbe ohne Beschwerung des Gewissens nicht furgenomen werden mag, weil sie ein selbs eigen Rache[1] ist, welche von Gott verboten ist. [...] Die Rach ist mein, spricht der Herr, ich will vergelten etc., und nicht anders sein kann; denn wer sich darein begibt, der muß sich in die Schanz[2] geben viel wider Gott und Menschen zu tun, welchs ein christlich Gewissen nicht kann billigen.

Und ist ja wahr, daß Euch Euer Schaden und infamia[3] billig wehe tun soll, und schuldig seid, dieselbige zu retten und erhalten, aber nicht mit Sunden oder Unrecht. Quod iustum est, iuste persequeris[4], sagt Moses; Unrecht wird durch ander Unrecht nicht zurecht bracht. Nu ist Selbsrichter sein und Selbsrichten gewißlich unrecht, und Gottes Zorn läßt es nicht ungestraft. Was Ihr mit Recht ausführen moget, da tut ihr wohl; könnt Ihr das Recht nicht erlangen, so ist kein ander Rat da, denn Unrecht leiden. Und Gott, der Euch also läßt Unrecht leiden, hat wohl Ursach zu Euch. Er meinet es auch nicht übel noch böse mit Euch, kann auch solchs wohl redlich wieder erstatten in einem ändern, und seid drumb unverlassen.

Und was wollt Ihr tun, wenn er wohl anders wollt strafen, an Weib, Kind, Leib und Leben? Hie müsset Ihr dennoch, so Ihr ein Christ sein wollt, sagen: Mein lieber Herr Gott, ich hab's wohl verdienet, du bist gerecht. und tust nur allzuwenig nach meinen Sunden. Und was ist unser aller Leiden gegen seins Sohns unsers Herrn Christi Leiden?

Demnach, so Ihr meines Rats begehret (wie Ihr schreibet), so rate ich, nehmet Friede an, wo er Euch werden kann, und leidet lieber an Gut und Ehre Schaden, denn daß Ihr Euch weiter sollt begeben in solch Fürnehmen[5], darin Ihr müsset aller der Sünden und Büberei auf Euch nehmen, so Euch dienen würden zur Fehde; die sind doch nicht fromm, und meinen Euch mit keinen Treuen, suchen ihren Nutz; zuletzt werden sie Euch selbs verraten, so habt Ihr denn wohl gefischet. Malet Ihr ja nicht den Teufel über die Tür und bittet ihn nicht zu Gevattern[6], er kommet dennoch wohl; denn solche Gesellen sind des Teufels Gesindlin[7], nehmen auch gemeiniglich ihr Ende nach ihren Werken.

Aber Euch ist zu bedenken, wie schwerlich Euer Gewissen ertragen will, so Ihr wissentlich sollet so viel Leute verderben, da Ihr kein Recht zu habet. Setzt Ihr Euch zufrieden, Gott zu Ehren, und lasset Euch Euern Schaden von Gott zugefüget sein und verbeißet's umb seinetwillen, so werdet Ihr sehen, er wird wiederumb Euch segenen und Euer Erbeit reichlich belohnen, daß Euch lieb sei Euer Geduld, so Ihr getragen habt. Dazu helfe Euch Christus unser Herr, Lehrer und Exempel aller Geduld und Helfer in Not, Amen.

Dienstag nach Nicolai 1534.

(D. Martin Luthers Werke. Kritische Gesamtausgabe. Luthers Briefwechsel, Bd. 7, hrsg. von O. Clemen. Weimar 1937, S. 124/125)

1 „selbs eigen Rache" = Selbstjustiz
2 „Schanz" = Festung, Verteidigungsanlage
3 „infamia" = üble Nachrede
4 „qoud iustum est, iuste persequeris" = Was Recht ist, muss auch durch das Recht umgesetzt werden.
5 „Fürnehmen" = Einvernehmen
6 „bittet ihn nicht zu Gevattern" = „macht ihn nicht zu eurem Paten"
7 „des Teufels Gesindlin" = Gesellen des Teufels

Gottesgnadentum vs. Vertragslehre – Kohlhaas' Auseinandersetzung mit Luther

Aufgaben:

1. Fassen Sie die Aussagen Martin Luthers in diesem historischen Brief an Hans Kohlhase stichwortartig mit eigenen Worten zusammen. Tragen Sie Ihre Ergebnisse in die Tabelle ein.
2. Vergleichen Sie in Partnerarbeit diese Aussagen des historischen Luther an Hans Kohlhase mit denjenigen des Kleist'schen Luther (S. 53–55), indem Sie die wichtigsten Aussagen des Luther-Briefes aus MICHAEL KOHLHAAS in der angelegten Tabelle denen des authentischen Briefes gegenüberstellen (rechte Seite).
3. Diskutieren Sie die Frage, ob und inwieweit Kleist in seiner Erzählung dem historischen Luther gerecht wird.

Gegenüberstellung der beiden Luther-Briefe

historischer Luther	Luther bei Kleist

Gottesgnadentum vs. Vertragslehre – Kohlhaas' Auseinandersetzung mit Luther

Martin Luther: An Hans Kohlhase, Bürger zu Cölln an der Spree

Gegenüberstellung der beiden Luther-Briefe

historischer Luther	Luther bei Kleist
■ schreibt sachlich und argumentativ	■ schreibt emotional und aggressiv (Ton wird erst im Verlauf versöhnlicher)
■ meint, Selbstjustiz sei falscher Weg, da er von Gott verboten sei	■ meint, Selbstjustiz sei falscher Weg, da es Unrecht sei
■ macht Kohlhaas keine Vorwürfe	■ macht Kohlhaas Vorwürfe („Vermessener, im Wahnsinn stockblinder Leidenschaft" Z. 1322)
■ argumentiert rein religiös (Rache sei allein Sache Gottes, Gott werde dafür einen Grund haben, im Vergleich zum Leiden Christi seien all unsere Leiden klein)	■ argumentiert eher gesellschaftspolitisch, kaum religiöse Bezugspunkte
■ bewertet das Handeln Kohlhaas' nicht	■ bewertet das Handeln Kohlhaas' negativ
■ meint, man müsse das Unrecht erdulden	■ meint, man müsse das Handeln der Obrigkeit erdulden
■ rät Kohlhaas, das Unrecht zu erdulden und sich nicht mit dem Teufel einzulassen	■ verspricht, sich beim Landesherrn für Kohlhaas einzusetzen (sieht kein Unrecht an Kohlhaas)
■ meint, wenn Kohlhaas das Unrecht als von Gott zugewiesen anerkenne, werde er belohnt	■ fordert von Kohlhaas Gerechtigkeit und das Leisten von Schadensersatz
■ agiert (sucht Gespräch mit Kohlhaas)	■ reagiert (wird von Kohlhaas aufgesucht)
⇨ religiöse Argumentation ⇨ Gottes Lehre: Luther argumentiert rein religiös	⇨ obrigkeitstreue Argumentation ⇨ Gottesgnadentum: Luther stützt das politische System

Kirchen- und Glaubenskritik

Über den Erzengel Michael

Michael war nach der Überlieferung der Engel mit dem Schwert, der Adam und Eva aus dem Paradies trieb und den Lebensbaum bewachte (1. Mose 3, 23–24) und der Seth einen Zweig vom Baum der Erkenntnis reichte. Er zeigte Hagar, der von Abrahams eifersüchtiger Frau Sara vertriebenen Magd, die Quelle zur Rettung ihres und ihres Sohnes Leben (1. Mose 16, 7–12). Michael gilt als einer der drei Männer, die Abraham besuchten (1. Mose 18, 1–16), er hinderte Abraham, den Isaak zu töten (1. Mose 22, 11–18), und er rang mit Jakob (1. Mose 32, 24–29). Michael teilte demnach das Rote Meer beim Auszug aus Ägypten (2. Mose 14, 19–22), führte das Volk Israel ins gelobte Land und kämpfte mit dem Teufel um die Seele von Mose. [...]
In den Darstellungen der Johannes-Offenbarung erfüllt Michael seine besondere Aufgabe beim jüngsten Gericht: Seine Posaune erweckt die Toten aus den Gräbern, er befreit die Frau mit dem Kinde und tötet im endzeitlichen Kampf – gerüstet und mit großen Flügeln – den Drachen zu seinen Füßen (Offenbarung 12, 4–7). Michael wird auch als der Engel identifiziert, der den Drachen in den Abgrund stürzt (Offenbarung 20, 2–3); der Drache ist das Symbol der gottfeindlichen Mächte – Michael ist also der Engel, der gegen alles kämpft, was Gott seinen Rang streitig macht. Er wird nach Kommentaren zur Offenbarung beim Erscheinen des Antichrist auch diesen töten. So verhindert Michael die uneingeschränkte Herrschaft des Satans in der Zeit bis zum jüngsten Gericht und besiegt diesen dann endgültig. Im Judasbrief (9) wird eine jüdische Legende zitiert, in der Michael mit dem Teufel um den Leichnam von Mose stritt. Der Teufel beanspruchte Mose für sich, weil er doch zum Mörder an dem Ägyptischen Aufseher geworden war (2. Mose 2, 12). Doch Michael widerspricht, entreißt dem Teufel den Leichnam und geleitet ihn gen Himmel. [...]

Erzengel Michael bezwingt Satan am Tag des Jüngsten Gerichts – Statue auf dem Portal der St. Michaeliskirche Hamburg

Meister von Meßkirch um 1535/40
Ausstattung der ehemaligen Seitenaltäre der Meßkircher St. Martinskirche, Standflügel: Erzengel Michael als Seelenwäger

Schon Mitte des 5. Jahrhunderts weihte Papst Leo I. die Kirche S. Michele in Rom. [...] Michael war der Schutzherr des Heiligen Römischen Reichs Deutscher Nation. [...]

(aus: Ökumenisches Heiligenlexikon, www.heiligenlexikon.de/Biographien/Michael.htm)

Aufgaben:

1. Verschaffen Sie sich durch eine entsprechende Recherche ein möglichst umfassendes Bild der biblischen Gestalt des Erzengels Michael.
2. Diskutieren Sie die Frage, ob und inwieweit Kleist durch die Umbenennung des historischen „Hans“ in einen literarischen „Michael“ ein Werk mit kirchen- und glaubenskritischem Inhalt geschaffen hat.
   Beachten Sie dabei folgende Textstelle aus Kleists Erzählung MICHAEL KOHLHAAS:
   Er nannte sich in dem Mandat, das er, bei dieser Gelegenheit, ausstreute, „einen Statthalter Michaels, des Erzengels, der gekommen sei, an allen, die in dieser Streitsache des Junkers Partei ergreifen würden, mit Feuer und Schwert, die Arglist, in welcher die ganze Welt versunken sei, zu bestrafen.“ (S. 53, Z. 1396–1402)

Der Aufbau der Erzählung

Die Theorie des klassischen Dramas (nach Gustav Freytag)

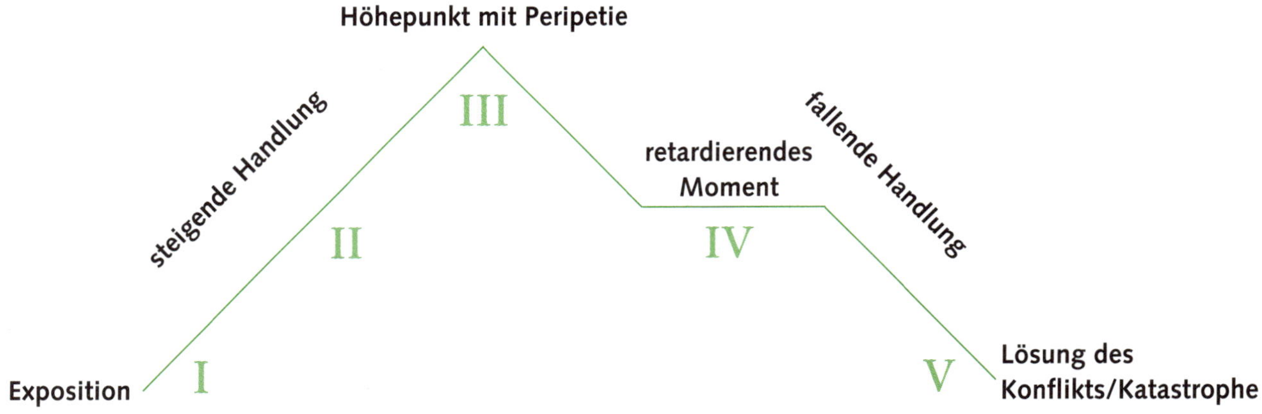

1. Akt: Exposition
Einführung in Handlung, Personen, Situation, Ort, Zeit
Andeutung und Initiierung des Konflikts

2. Akt: Steigende Handlung
Steigerung der Spannung im Verlauf der komplexer werdenden Handlung
Beschleunigung der Handlung
Tragödie: Held kontrolliert die Handlung gegen alle Widerstände
Komödie: Held scheint die Kontrolle über das Geschehen zu verlieren.

3. Akt: Höhepunkt (Klimax) mit Peripetie
Das Geschick des Protagonisten erreicht in der Tragödie seinen Höhepunkt, in der Komödie seinen Tiefpunkt
Peripetie – Wendung in der Handlung und im Geschick/Glück des Protagonisten

4. Akt: Fallende Handlung
Das Geschick des Protagonisten fällt (Tragödie) oder steigt (Komödie).
eventuell: Retardation/retardierendes Element
Verzögerung der Handlungsentwicklung

5. Akt: Lösung des Konflikts
Katastrophe, Untergang des Protagonisten (Tragödie) oder positiver Ausgang (Komödie)
Auflösung aller Geschehnisse.

Aufgaben:

1. Erläutern Sie die oben abgebildete Grafik mithilfe der Texterklärungen.
2. Überprüfen Sie, inwieweit der Aufbau von Kleists Erzählung mit demjenigen des klassischen Dramas übereinstimmt, indem Sie die einzelnen Handlungsabschnitte zuordnen.

➤ Schüler-/innen finden mehr zu diesem Thema im Oldenbourg Textnavigator MICHAEL KOHLHAAS, Kap. 3.2.1

Der Aufbau der Erzählung

Die Theorie des klassischen Dramas (nach Gustav Freytag)

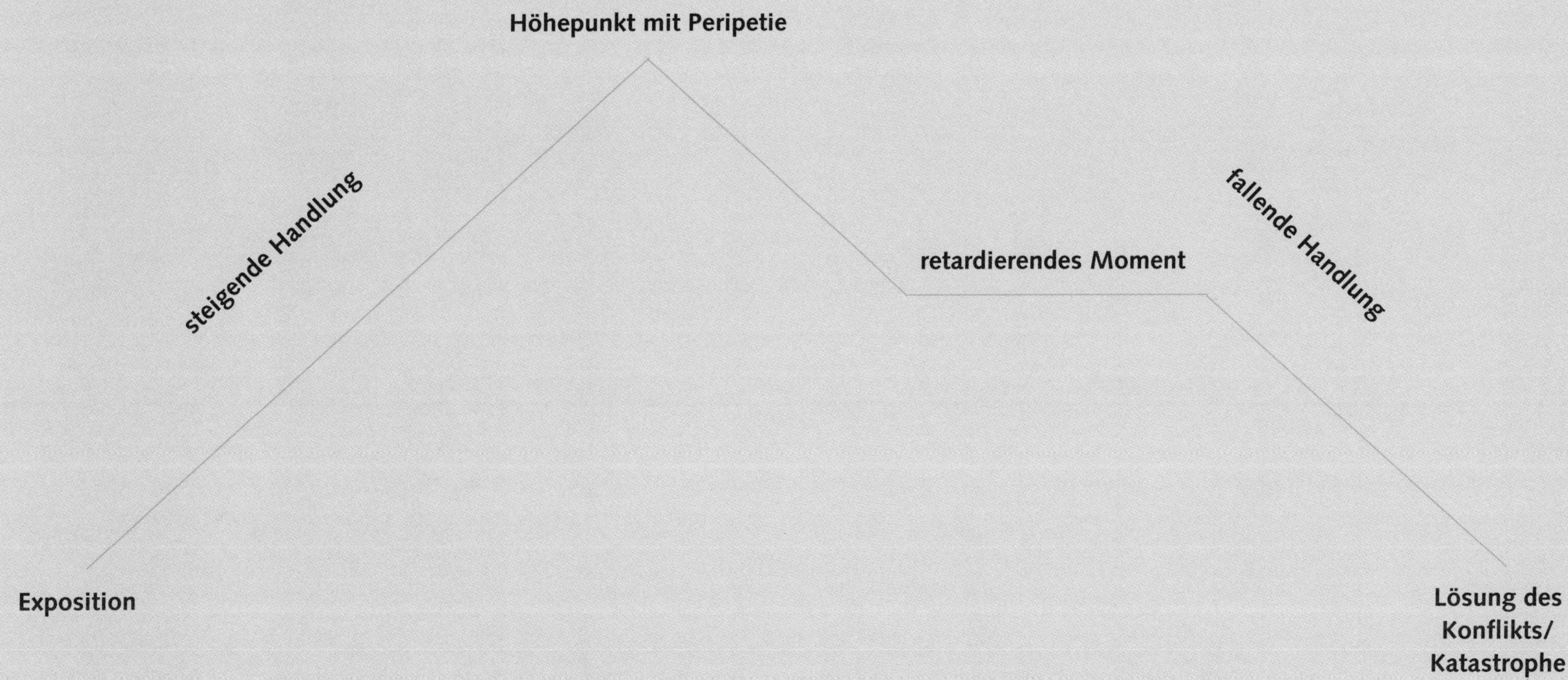

1. Teil	2. Teil	3. Teil	4. Teil	5. Teil
Kohlhaas' Pferde werden widerrechtlich in Pfand genommen und misshandelt. Kohlhaas versucht mehrfach, sich auf dem Rechtsweg Wiedergutmachung für den erlittenen Schaden zu erkämpfen.	Da er auf dem Rechtsweg nichts erreichen konnte, versucht Kohlhaas nun mit brutaler Gewalt, sein Recht durchzusetzen: Auf der Jagd nach dem Junker Wenzel überfällt er dessen Tronkenburg und zündet Wittenberg und Leipzig an.	Das Eingreifen Martin Luthers führt zu einem Wendepunkt in der Erzählung: Kohlhaas ist nach Zusicherung freien Geleits erneut bereit, sich den Gerichten zu unterwerfen. Er löst seine Bande auf und geht nach Dresden.	Da die Stimmung in der Bevölkerung kippt, gerät auch Kohlhaas ins Wanken. Da ihm zudem die zugesicherte Amnestie fraglich erscheint, erwägt er die Flucht. Daraufhin wird er zum Tode verurteilt.	Der Kurfürst von Brandenburg zieht das Verfahren an sich. Kohlhaas könnte durch die Kapsel sein Leben retten, tut es jedoch nicht. Am Ende bekommt er in seiner Sache Recht, wird wegen der eigenen Verbrechen jedoch hingerichtet.

Die sprachliche Gestaltung – Satzstruktur

Beispielsatz 1 (Strukturskizze)

Kohlhaas wälzte eben,
auf dem Schlosse zu Lützen, ← *lokale Bestimmung*
einen neuen Plan,
Leipzig einzuäschern,
in seiner zerrissenen Brust ← *lokale Bestimmung*
herum:
– denn auf die, ← *kausale Bestimmung*
in den Dörfern angeschlagene ← *lokale Bestimmung*
Nachricht,
daß der Junker Wenzel in Dresden sei, ← *modale Bestimmung*
gab er nichts,
weil sie von niemand, ← *kausale Bestimmung*
geschweige denn vom Magistrat,
wie er verlangt hatte, ← *modale Bestimmung*
unterschrieben war: –
als Sternbald und Waldmann das Plakat, ← *temporale Bestimmung*
das,
zur Nachtzeit, ← *temporale Bestimmung*
an den Torweg des Schlosses, ← *lokale Bestimmung*
angeschlagen worden war,
zu ihrer großen Bestürzung, ← *modale Bestimmung*
bemerkten. (S. 56, Z. 1489 – 1498)

➤ Schüler-/innen finden mehr zu diesem Thema im Oldenbourg Textnavigator MICHAEL KOHLHAAS, Kap. 3.2.3

Die sprachliche Gestaltung – Satzstruktur

Beispielsatz 2

Kohlhaas, der den Brief, während die Kinder mit den Krebsen spielten, las, würde den Gauner gewiß unter andern Umständen beim Kragen genommen, und den Landsknechten, die vor seiner Tür standen, überliefert haben; doch da bei der Stimmung der Gemüter auch selbst dieser Schritt noch einer gleichgültigen Auslegung fähig war, und er sich vollkommen überzeugt hatte, daß nichts auf der Welt ihn aus dem Handel, in dem er verwickelt war, retten konnte: so sah er dem Kerl, mit einem traurigen Blick, in sein ihm wohlbekanntes Gesicht, fragte ihn, wo er wohnte, und beschied ihn, in einigen Stunden, wieder zu sich, wo er ihm, in bezug auf seinen Herrn, seinen Beschluß eröffnen wolle. (S. 98, Z. 2898 – S. 99, Z. 2910)

Aufgaben:

1. Analysieren Sie die in Beispielsatz 1 gegebenen Informationen. Nennen Sie Besonderheiten.

2. Das zweite Satzbeispiel ist noch verschachtelter.
  a. Fertigen Sie für dieses ebenfalls ein Strukturdiagramm an, aus dem die Abhängigkeit der Satzteile deutlich wird.
  b. Wandeln Sie diesen anschließend in einen kurzen Text um, indem Sie alle wesentlichen Informationen übernehmen. Behalten Sie die Grundstimmung des Kleist'schen Textes bei.
  c. Beurteilen Sie in Partnerarbeit Ihre Lösungen: Haben Sie die Aufgabenstellung angemessen bearbeitet?
  d. Diskutieren Sie nun im Kurs die unterschiedlichen Wirkungen, die von der jeweiligen sprachlichen Gestaltung ausgehen.

3. Erläutern Sie die sprachliche Gestaltung der gesamten Novelle und die ihr zukommende Bedeutung.

Die sprachliche Gestaltung – Satzstruktur

Kohlhaas,
der den Brief,
während die Kinder mit den Krebsen spielten, ← *temporale Bestimmung*
las,
würde den Gauner gewiß
unter andern Umständen ← *modale Bestimmung*
beim Kragen genommen,
und den Landsknechten,
die vor seiner Tür standen, ← *lokale Bestimmung*
überliefert haben;
doch da bei der Stimmung der Gemüter auch selbst dieser Schritt noch einer gleichgültigen Auslegung fähig war, ← *kausale Bestimmung*
und er sich vollkommen überzeugt hatte,
daß nichts auf der Welt ihn aus dem Handel, ← *konditionale Bestimmung*
in dem er verwickelt war, ← *modale Bestimmung*
retten konnte:
so sah er dem Kerl, ← *konsekutive Bestimmung*
mit einem traurigen Blick, ← *modale Bestimmung*
in sein ihm wohlbekanntes Gesicht, ← *lokale Bestimmung*
fragte ihn,
wo er wohnte,
und beschied ihn,
in einigen Stunden,
wieder zu sich, ← *temporale Bestimmung*
wo er ihm, ← *lokale/temporale Bestimmung*
in Bezug auf seinen Herrn, ← *modale Bestimmung*
seinen Beschluß eröffnen wolle.

➤ Schüler-/innen finden mehr zu diesem Thema im Oldenbourg Textnavigator MICHAEL KOHLHAAS, Kap. 3.2.3

Die sprachliche Gestaltung – Abhängigkeiten der Satzglieder

als die Absicht unter so sonderbaren und bedenklichen Umständen seine Lage zu prüfen,

an welchem gleichwohl,

Anteil hatte:

der in seiner Brust Bescheid weiß,

der inzwischen

die wir jedem,

Dresden auf einige Tage zu verlassen,

ein Entschluß,

gegen eine geringe Vergütigung des dabei gehabten Schadens,

käuflich wiedererlangt hatte,

Kohlhaas,

seine Meierei,

sein mochte,

so dringend es auch in der That,

und in diese seine Heimat zu reisen;

von dem wackern Amtmann zu Kohlhaasenbrück

wegen Bestellung der Wintersaat,

weniger das besagte Geschäft,

wie es scheint wegen gerichtlicher Abmachung dieses Geschäfts,

wie wir nicht zweifeln,

wünschte,

zu erraten überlassen wollen.

zu welchem vielleicht auch noch Gründe anderer Art mitwirkten,

Aufgaben:

1. Schneiden Sie die Satzteile aus und fügen Sie diese so zusammen, dass das Satzgefüge einen Sinn ergibt.
2. Versuchen Sie die Sprache Kleists nachzuahmen und verfassen Sie einen Satz/einen kurzen Text. Vergleichen Sie im Kurs: Wer kommt dem Original am nächsten?

Die sprachliche Gestaltung – Abhängigkeiten der Satzglieder

Kohlhaas,
der inzwischen
von dem wackern Amtmann zu Kohlhaasenbrück
seine Meierei,
gegen eine geringe Vergütigung des dabei gehabten Schadens,
käuflich wiedererlangt hatte,
wünschte,
wie es scheint wegen gerichtlicher Abmachung dieses Geschäfts,
Dresden auf einige Tage zu verlassen,
und in diese seine Heimat zu reisen;
ein Entschluß,
an welchem gleichwohl,
wie wir nicht zweifeln,
weniger das besagte Geschäft,
so dringend es auch in der Tat,
wegen Bestellung der Wintersaat,
sein mochte,
als die Absicht unter so sonderbaren und bedenklichen Umständen seine Lage zu prüfen,
Anteil hatte:
zu welchem vielleicht auch noch Gründe anderer Art mitwirkten,
die wir jedem,
der in seiner Brust Bescheid weiß,
zu erraten überlassen wollen. (S. 90, Z. 2611 – 2624)

Die sprachliche Gestaltung – Der Blick des Erzählers

Luther, der unter Schriften und Büchern an seinem Pulte saß, und den fremden, besonderen Mann die Tür öffnen und hinter sich verriegeln sah, fragte ihn: wer er sei? und was er wolle? und der Mann, der seinen Hut ehrerbietig in der Hand hielt, hatte nicht sobald, mit dem schüchternen Vorgefühl des Schreckens, den er verursachen würde, erwidert: daß er Michael Kohlhaas, der Roßhändler sei; als Luther schon: weiche fern hinweg! ausrief, und indem er, vom Pult erstehend, nach einer Klingel eilte, hinzusetzte: dein Odem ist Pest und deine Nähe Verderben! (S. 57, Z. 1548 – S. 58, Z. 1558)

Einstellung: Skizze	Bild: Kamera	Ton	Zeit	Drehort, Requisiten

Aufgabe:

1. Diskutieren Sie in Gruppenarbeit: Wir würden Sie den oben stehenden Satz verfilmen?
2. Entwerfen Sie als Ergebnis ein Storyboard der Szene.
   Projektidee: Filmen Sie die Szene und vergleichen Sie Ihre Ergebnisse. Diskutieren Sie, wie die Filmsprache dem Text gerecht wird und wo nicht.

Die Erzählhaltung

Aufgaben:

1. Diskutieren Sie die Rolle des Erzählers in MICHAEL KOHLHAAS. Sammeln Sie Belege für Ihre Auffassung.
2. Stellen Sie die folgenden Textstellen als Standbild dar. Setzen Sie den Erzähler als eigene Figur in Beziehung zur Szene.
   - **a.** Gleichwohl war die Bestürzung in der Stadt, über das Dasein des rasenden Mordbrenners, und den Wahn, in welchem derselbe stand, daß der Junker in Leipzig sei, unaussprechlich; (S. 53, Z. 1413–1416)
   - **b.** Zum völligen Verderben des armen Kohlhaas mußte der Großkanzler selbst, aus übergroßer Rechtlichkeit, und einem davon herrührenden Haß gegen die Familie von Tronka, beitragen, diese Stimmung zu befestigen und zu verbreiten. (S. 83, Z. 2385–2389)
   - **c.** Kohlhaas aber, als diese Frau zu ihm eintrat, meinte, an einem Siegelring, den sie an der Hand trug, und einer ihr vom Hals herabhängenden Korallenkette, die bekannte alte Zigeunerin selbst wiederzuerkennen, die ihm in Jüterbock den Zettel überreicht hatte; und wie denn die Wahrscheinlichkeit nicht immer auf seiten der Wahrheit ist, so traf es sich, daß hier etwas geschehen war, das wir zwar berichten: die Freiheit aber, daran zu zweifeln, demjenigen, dem es wohlgefällt, zugestehen müssen: der Kämmerer hatte den ungeheuersten Mißgriff begangen, und in dem alten Trödelweib, das er in den Straßen von Berlin aufgriff, um die Zigeunerin nachzuahmen, die geheimnisreiche Zigeunerin selbst getroffen, die er nachgeahmt wissen wollte. (S. 125, Z. 3787 – S. 126, Z. 3800)
   - **d.** Wohin er eigentlich ging, und ob er sich nach Dessau wandte, lassen wir dahingestellt sein, indem die Chroniken, aus deren Vergleichung wir Bericht erstatten, an dieser Stelle, auf befremdende Weise, einander widersprechen und aufheben. (S. 130, Z. 3937–3942)
3. Führen Sie Ihre Ergebnisse zusammen, indem Sie eine vollständige Charakterisierung des Erzählers verfassen.

Die Erzählung als zeitpolitische Stellungnahme

Text 1

„Das Gesetz ist das große innere Band einer Nation. Es umschlingt dasselbe in weiteren immer enger werdenden Kreisen, die in einem lichten Punkte, in dem Monarchen sich endigen. In einer religiösen Verehrung für dasselbe muß jedes Mitglied der Gesellschaft mit dem Andern übereinstimmen, so verschieden auch sonst die Meinungen und Ansichten sein mögen. Wer diese Verehrung nicht theilt, passt in den Gesellschaftsbund nicht, und muß ausgestoßen werden. In dem festen und allgemeinen Willen, dieses Gesetz aufrecht zu erhalten, oder mit ihm unterzugehen, besteht die Nationalität oder die Vaterlandsliebe.
Also diese wird in einem solchen Staat am herrlichsten gedeihen, wo die Freiheit der Mitglieder nicht weiter beschränkt ist, als es die Nothwendigkeit und die gleiche Berechtigung des anderen erfordert, und wo die Gesetze immer mehr den Stempel der Willkührlichkeit ablegen.
Ein solcher Staat wird allmählich seine Nachbarn an Wohlstand und Kraft überragen, und diese Güter an sich ziehen, so wie Freihäfen den Welthandel – wenn der Zugang frei ist.“

(Berliner Abendblätter. Hrsg. Von Heinrich von Kleist. Nachwort und Quellenregister von Helmut Sembdner. Wiesbaden: VMA-Verlag, o. J., S. 215–217)

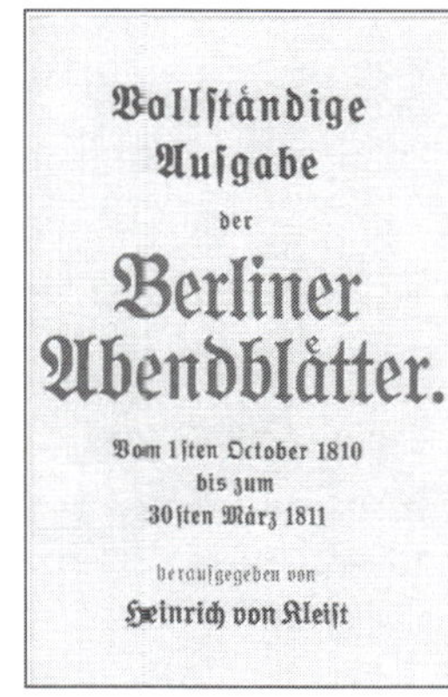
Vollständige Ausgabe der Berliner Abendblätter.
Vom 1sten October 1810 bis zum 30sten März 1811
herausgegeben von Heinrich von Kleist

Titelseite der von Kleist herausgegebenen *Berliner Abendblätter*

Text 2

„Zerstört nun der die Rechte, welcher die Verbindlichkeit und das Recht hat, sie zu schützen; so kann ich unmöglich von ihm Schutz erwarten; also fällt die Verbindlichkeit, sie zu schützen, auf mich zurück. Sind organische Staats-Kräfte, Stände, Collegien, Municipalitäten, u. s. w. da, welche dieses thun können; so erreiche ich meinen Zweck sicherer; ich kann gewisser seyn, daß hier alles nach einer Regel gehen, daß man nicht leicht größere Gewalt brauchen wird, als nöthig ist; sind aber keine solche wohlgeordnete Staats-Organe da; warum sollte sich der, welcher Recht hat, nicht *taliter qualiter* dergleichen zusammensetzen können? Ein zusammengelaufener Haufen ist freylich ein schlecht organisiertes Wesen; ich wäre ein Thor, wenn ich ihn wählen wollte, mein Recht zu vertheidigen, wenn irgend ein besseres Mittel da ist; ich wäre straffällig, wenn ich ihn wählte, wo mir zweckmäßige Rechtsmittel angewiesen sind, da ich wissen muß, daß ein tumultuarischer Haufen nicht leicht in den gehörigen Schranken zu halten ist, und ich mich also für den Urheber der von ihm begangenen Ausschweifungen erkennen muß. Aber wenn nichts anders da ist, so suche ich nur den ganzen Haufen in Ordnung zu bringen. Wenn ich ihn von Ausschweifungen abhalte, wenn

Ludwig Heinrich Jakob, 1759–1827, Staatswissenschaftler, Philosoph, Ökonom, Schriftsteller, korrespondierendes Mitglied der russischen Akademie der Wissenschaften, Professor in Halle und Charkow

Die Erzählung als zeitpolitische Stellungnahme

ich durch ihn weiter nichts thue, als was zur Erhaltung meines Rechts nothwendig ist; so verwandelt das mein Recht nicht in Unrecht, daß mir ein verworrener Haufen dazu verholfen hat. […]

Und wenn nun auch aus der unklugen Ausübung seines Rechts eine Menge unglücklicher Folgen und zuletzt auch das Unrecht hervorgehet; wer hat sich alsdenn die mehreste Schuld zuzuschreiben? Der, welcher sein Recht verfolgte, oder der, welcher durch Verletzung des Rechts zu jenen Auftritten die Veranlassung gab? Wehe dem Lande, wo der Pöbel Gerechtigkeit ausüben soll: aber Fluch über die, welche ihre Bedrückungen so weit treiben, dass man nirgends, als bey dem Pöbel Schutz gegen Unrecht finden kann! […]

Den Grad der rechtsmäßigen Gegenwehr bestimmt folgende Regel: ‚Jedermann hat ein äußerlich vollkommenes Recht, die Verletzung gleichartiger Zwecke, welche in ihm widerrechtlich verletzt werden, zum Zwangsmittel gegen den zu gebrauchen, welcher sie verletzt. […]

Um also den Grad des Widerstandes und der rechtmäßigen Gegengewalt zu bestimmen, giebt es kein Mittel, als die moralische Wichtigkeit der Rechte ihrer Materie nach. Die obige Regel erhält in dieser Rücksicht folgende Bestimmung: ‚So wichtig die Rechte und Zwecke sind welche dein Feind in dir widerrechtlich verletzt, so wichtige Rechte und Zwecke darfst du auch in ihm verletzen, um ihn zu zwingen, daß er dich nicht beleidige; aber die Verletzung eines wichtigern Zweckes oder eines wichtigern Rechts als Zwangsmittel gegen einen widerrechtlichen Angriff zu gebrauchen, ist durch die Vernunft verboten.“

(Jakob, Ludwig Heinrich: Antimachiavel, oder über die Grenzen des bürgerlichen Gehorsams. Auf Veranlassung zweyer Aufsätze in der Berl. Monatsschrift von den Herren Kant und Genz. Halle: Rengersche Buchhandlung 1794, S. XVIII – XX, S. 80, S. 113 – 116)

Text 3

„Treffen nicht […] alle unglücklichen Irrthümer der Französischen Revolution in dem Wahne überein, der Einzelne könne wirklich heraustreten aus der gesellschaftlichen Verbindung, und von außen umwerfen und zerstören, was ihm nicht anstehe; der Einzelne könne gegen das Werk der Jahrtausende protestiren; er brauche von allen Instituten, die er vorfinde, nichts anzuerkennen; kurz, es sey wirklich eine Stelle außerhalb des Staates da, auf die sich jeder hin begeben, und wo er dem großen Staatskörper neue Bahnen vorzeichnen, aus dem a l t e n Körper einen ganz n e u e n machen, und dem Staate, anstatt der alten unvollkommenen, aber erprüften Constitution, eine neue, wenigstens für die nächsten vierzehn Tage vollkomene, vorziehen könne? –

Adam Heinrich Müller, 1779 – 1829, deutscher Philosoph, Diplomat, Publizist und Staatstheoretiker

Die Erzählung als zeitpolitische Stellungnahme

[...] So wie jedes Geschöpf der Natur in der Mitte der Natur zu stehen meint; wie jede Creatur, wenn sie die Wahrheit gestehen will, sich einbildet, die ganze Welt bewege sich um sie her; wie keine Seele außer der Natur, oder auf ihrer untersten Stufe zu stehen glaubt; wie kein Wurm schlecht von sich denkt: – so steht jeder Mensch in der Mitte des bürgerlichen Lebens, von allen Seiten in den Staat verflochten, da; und so wenig er aus sich heraustreten kann, eben so wenig aus dem Staate.

[...] Endlich [...] ist der Staat nicht eine bloß künstliche Veranstaltung, nicht eine von den tausend Erfindungen zum Nutzen und Vergnügen des bürgerlichen Lebens selbst, nothwendig sobald es nur Menschen gibt, unvermeidlich, – in der Natur des Menschen begründet, würde ich sagen, wenn nicht, aus allen richtigen Gesichtspuncten betrachtet, menschliche Existenz und bürgerliche eins und dasselbe wären, und wenn ich also mit jenen Worten nicht etwas sehr Ueberflüßiges sagen würde.

[...] Lassen Sie uns diese [...] Wahrheiten noch inniger und kräftiger zusammenfassen in eine einzige, und diese so ausdrücken: der Mensch ist nicht zu denken außerhalb des Staates."

(Müller, Adam H.: Die Elemente der Staatskunst. Mit einer Einführung, erklärenden Anmerkungen und bisher ungedruckten Originaldokumenten versehen von Dr. Jakob Baxa. 1. Halbband. Jena: Gustav Fischer 1922, S. 26, 28 f.)

Aufgaben:

1. Arbeiten Sie in Kleingruppen jeweils die im Text vertretene Haltung heraus.
2. Bereiten Sie sich in Kleingruppen auf der Grundlage der Arbeitsergebnisse auf eine Podiumsdiskussion vor, in der das Vorgehen Michael Kohlhaas' diskutiert werden soll.
3. Führen Sie in den Rollen der drei obigen Autoren die vorbereitete Podiumsdiskussion durch. Achten Sie als Beobachter dabei besonders darauf, ob man den Texten gerecht wurde.
4. Die Texte stellen Auffassungen dar, die zur Zeit des Verfassens von MICHAEL KOHLHAAS vertreten wurden. Diskutieren/Erörtern Sie: Lässt sich die Erzählung als zeitpolitische Stellungnahme begreifen?

Die Erzählung als zeitpolitische Stellungnahme

Aufgabe 1:

Text 1

Der in den von Kleist herausgegebenen *Berliner Abendblättern* erschienene Text betont im ersten Absatz die besondere Bedeutung von Gesetzen für eine Nation. In religiöser Weise soll der Einzelne sie achten und befolgen. Andernfalls könne man nicht Mitglied der Gemeinschaft bleiben. Der gemeinsame Wille, die Gesetze zu befolgen und zu ehren, sei Nationalität und Vaterlandsliebe. Der Autor lehnt sich hier klar an Rousseaus Lehre vom Gesellschaftsvertrag an. Nach der Verantwortung der Pflichten des Individuums wird im zweiten Absatz die Verantwortung des Staates betont: Dieser dürfe die Freiheit seiner Mitglieder nicht stärker als nötig und nur in einer für alle gleichen Weise einschränken. Willkür dürfe es keine geben. Ein solcher Staat werde stark sein und wirtschaftlich florieren.
Wichtige Stichworte: Rechtssicherheit – Rechtsgleichheit – Freiheit

Text 2

Der Staatswissenschaftler *Ludwig Jacob Arnold* proklamiert in seinem Text ein grundsätzliches Widerstandsrecht. Sofern man von der Obrigkeit in seinen Rechten verletzt werde, könne man von dieser kaum Schutz erwarten, sodass man sich selbst helfen müsse. Eigene Staatsorgane ermöglichen eine Vermeidung unnötiger Gewalt. Wenn es solche jedoch nicht gebe, warum solle man dann nicht selbst eine Gruppe zusammenstellen dürfen? Dieser berge zwar die Gefahr, schwer zu organisieren zu sein, aber das allein sei kein ausreichender Hinderungsgrund. Sofern es keine legale Möglichkeit gebe, an sein Recht zu kommen, sei es legitim, eine Gruppe zur Durchsetzung desselben zu bilden, sofern diese keine anderen oder weiteren Ziele verfolge. Wenn aus dieser Gruppe nun doch Unrecht hervorgeht, liege die Verantwortung nicht allein bei dieser. Zwar dürfe die einfache Bevölkerung nicht Recht ausüben, schlimmer sei jedoch, wenn die Herrschenden die Bevölkerung durch Unrecht dazu zwingen, das Recht selbst in die Hand zu nehmen. Gegenwehr sei grundsätzlich dann erlaubt, wenn man in seinen eigenen Rechten verletzt wird, sofern dies in gleicher Weise geschieht. Je nachdem, wie schwer die Verletzung der Rechte ausfalle, dürfe demnach auch die Gegenwehr sein. Keinesfalls dürfe die Gegenwehr jedoch stärker ausfallen als die Rechtsverletzung.
Wichtige Stichworte: Widerstandsrecht, Gegenwehr

Text 3

Im Gegensatz zu *Arnold* (vgl. Text 2) lehnt der Staatstheoretiker *Adam Heinrich Müller* ein Widerstandsrecht ab, da es den Einzelnen über die Regeln der Gemeinschaft heben würde. Er verweist dabei auf die Erfahrung mit der Französischen Revolution, die von dem Irrtum getragen gewesen sei, dass man als Einzelner aus der Gesellschaft austreten könne, um diese nach seinen Vorstellungen zu verändern. Der Mensch stehe jedoch in der Mitte der Gesellschaft und müsse auch von dort aus agieren. Der Staat sei kein künstliches Gebilde, sondern notwendig und in der Natur des Menschen begründet. So sei es undenkbar, dass ein Einzelner außerhalb der gesellschaftlichen Ordnung des Staates stehe.
Wichtige Stichworte: Individuum – Staat

Die Erzählung als Geschichtsschreibung

Text 1

Zitat von Friedrich Schiller aus dem Jahr 1788

„Die Geschichte ist überhaupt nur ein Magazin für meine Phantasien und die Gegenstände müssen sich gefallen lassen, was sie unter meinen Händen werden."

(Friedrich von Schiller an K. v. Beulwitz am 10.12.1788. In: Friedrich Schiller: Werke und Briefe in 12 Bänden. Herausgegeben von Gerhard Kluge. Band 6/I: Historische Schriften und Erzählungen I. Herausgegeben von Otto Dann. Frankfurt/Main 2002, S. 750.)

Text 2

Auszug aus der *Maerckischen Chronik* von Peter Hafftitz (1525–1602), der 1731 von Schöttgen und Kreysig in ihre *Diplomatische und curieuse Nachlese der Historie von Ober-Sachsen, und angrentzenden Ländern* aufgenommen und damit allgemein zugänglich gemacht wurde:

[...] Hans Kohlhase ist ein ansehnlicher Bürger zu Cölln und ein Handelsmann gewesen, und sonderlich hat er mit Vieh gehandelt. Und als er auff eine Zeit schöne Pferde in Sachsen geführet, dieselbe zu verkauffen, welche ihm einer von Adel angesprochen, als hätte er sie gestohlen, hat er die Pferde im Gerichte stehen lassen, auff des Edelmanns Unkosten, wofern er genugsam Beweis brächte, daß er sie ehrlich gekaufft: oder im Fall, da ers nicht erweissen würde, der Pferde verlustig seyn wolte. Als aber Kohlhase davon gezogen, hat der Edelman die Pferde etliche Wochen weidlich getrieben, und also abmatten[1] lassen, daß sie ganz und gar verdorben: Derowegen hat Kohlhase auff seine Wiederkunfft, da er genugsam Beweiß brachte, die Pferde nicht wieder annehmen, sondern bezahlet haben wollen. Und weil es der Edelmann nicht hat thun wollen, und Kohlhasen, ungeachtet, daß es beym Churfürsten zu Sachsen ordentlicher Weise gesucht, zu seinem Rechte nicht hat mögen geholffen werden, hat er dem Churfürsten zu Sachsen entsagt[2], und

Friedrich Schiller (1759–1805), dt. Schriftsteller, schrieb u. a. Dramen mit historischem Kern, wie MARIA STUART, KABALE UND LIEBE, WALLENSTEIN, DON CARLOS, DIE JUNGFRAU VON ORLEANS und WILHELM TELL.

[1] „abmatten" = abmagern, ausmergeln

[2] Kohlhase hat dem Kurfürsten von Sachsen und damit dem Land Sachsen die „Fehde" erklärt. Der Zweck einer solchen Fehde bestand darin, den Gegner vor Gericht oder zu einer Sühneverhandlung zu zwingen.

Die Erzählung als Geschichtsschreibung

darauff hart für der Zane[3] einen reichen Seiden-Kramer von Wittenberg, Georg Reich genannt, beraubet, seiner Frauen die Ringe vom Finger gezogen, was er bey sich gehabt, genommen, ihn weggeführet, und etliche Wochen an einem Orte, dahin niemand gekommen, [...] da er mit seiner Gesellschafft sein sicher Gewahrsam gehabt, gefänglich gehalten, biß er sich mit Gelde gelöset: Und hat sonst viel Nehmen getan, biß endlich der Churfürst zu Sachsen sich erboten, einen Vertrag mit ihm auffzurichten, und zu Erörterung der Sache ihm zu Jüterbock[4] einen Tag bestimmt.

Denselben hat Kohlhase in die 40 Pferde starck mit des Churfürsten dazu verordneten Rähten und stadlichen Beystand besucht. Ob nun wohl die Sache von beyder Churfürsten Räthen nach Nothdurfft berahtschlaget, und zu Grunde vertragen worden, so haben doch die Sachsen solchen Vertrag nicht nachgesetzt. Derowegen denn Kohlhase verursacht dem Churfürsten zu Sachsen auffs neue zu entsagen. Und weil damals beyde Häuser, Brandenburg und Sachsen, in ein Mißverständnis gerathen, hat Kohlhase das Churfürstlich Brandenburgische Geleite, dergleichen des Ertzbischoffs zu Magdeburg im Stiffte leicht erhalten. Derowegen er denn den Churfürsten zu Sachsen hefftig angegriffen, die Sächsische Dörffer an der Märckischen und Stifftischen Grentze gelegen, geplündert, das Städtlein Zane ausgebrannt, und grossen Schaden gethan, daß der Churfürst zu Sachsen nothwendig gedrungen an den Churfürsten zu Brandenburg und Ertz-Bischoff zu Magdeburg um Einsehen zu haben zu schreiben.

Ob nun wohl beyde Churfürsten, der Brandenburgische und Metzische, Kohlhasen in ihren Schutz und Geleite genommen, haben sie doch endlich gewilliget, daß ihn der Sachse solte suchen lassen, und wo er ihn betreten würde, wolten sie ihm Rechts zu ihm verstatten. [...] Darüber ist Kohlhase weiter und weiter zugefahren, einen Schaden über den andern in Sachsenland gethan, und viel Mühe und Arbeit angerichtet, daß also dem Churfürsten zu Sachsen ein groß Geld auf diese Sache gelauffen, welche man mit einem geringen im Anfange hat stillen können. Denn obwohl bißweilen die Sachsen ihm sehr nahe sind kommen, und vermeinet, sie wollten ihn ertappen, so ist er doch Steg und Weg kundig gewesen, hat so manchen Forth[5] durch die Sprew und andere fliessende Wasser gewust, daß, wenn sie ihn gleich in einem Sacke zu haben, vermeinet, er gleichwohl im Hui durch die Wässer ihnen weit hat entgehen können.

D. Luther seeliger hat, in Erwegung und Behertzigung aller Umstände, und zu Verhütung weiter Ungelegenheit, so zu beyden Theilen daraus erwachsen könte, an Kohlhasen geschrieben, und vorwarnt von seinem Fürnehmen abzustehen, und hat ihm allerley zu Gemüthe geführet, was ihm drauff stünde, und wie Gott seine Verletzung, wo er ihm die Ehre und Rache nicht würde geben, wohl würde an Tag bringen und rächen. Darauff ist Kohlhase unvermerckt gen Wittenberg selb ander reutende[6] kommen, und im Gasthofe eingekehret, seinen Diener in der Herberge gelassen, und auff den Abend für D. Luthers Thür gegangen, angeklopffet und begehret den D. zur Sprache zu haben. Als aber der D. sein Gesind sich nahmkündig zu machen[7], und was sein Begehr wäre zu entdecken, ihme etliche mahl sagen lassen, welches er nicht thun wollen, und doch starck drauff gedrungen, er müste den D. in eigener Person zu Sprache haben, ists dem D. eingefallen, daß

3 „für der Zane" = in (der Stadt) Zane
4 „Jüterbock" = Name einer sächsischen Stadt
5 „Forth" = Furt durch einen Fluss
6 „selb ander reutende" = höchstpersönlich selbst geritten
7 „sich nahmkündig zu machen" = sich nach seinem Namen zu erkundigen

Die Erzählung als Geschichtsschreibung

es vielleicht Kohlhase seyn möchte, ist deßwegen selbst an die Thür gegangen [...].

Da hat er ihn eingelassen, heimlich in sein Gemach geführet, den Herrn Philippum, Crucigerum, Majorem, und andere Theologen zu sich beruffen lassen, da hat ihnen Kohlhase den gantzen Handel berichtet, und sind späte bey ihm in die Nacht geblieben. Des Morgens frühe hat er dem D. gebeichtet, das hochwürdige Sacrament empfangen, und ihnen zugesagt, daß er von seinen Vornehmen wolte abstehen, und dem Lande zu Sachsen keinen Schaden hinfort zufügen, welches er auch gehalten. Ist also unerkennt und unvermerckt aus der Herberge geschieden, weil sie ihn getröstet, seine Sache befodern zu helfen, daß sie eine gute Endschafft solle gewinnen.

Weil aber endlich auch nichts draus worden, daß sichs verweilet, und die Verfolgung der Sachsen nichts desto weniger für und für gewähret, hat ihm George Nagelschmidt sein Gesell gerathen, er solle den Churfürsten zu Brandenburg angreiffen, so würde er sich sein wohl annehmen, daß die Sache mit den Sachsen vertragen würde. Diesem folgete Kohlhase, aber sehr unbedacht, und unglücklich. Beraubte darauff den Conrad Dratziger des Churfürsten zu Brandenburg Factor[9], der ihm die Silber einkauffte, [...] nahm eine Anzahl Silber-Kuchen, welche er eine halbe Meile dißeit Potzdam unter einer Brücken, die noch heutiges Tages Kohlhasen-Brücke heißt, in das Wasser versencket, nicht der Meinung solches zu behalten, sondern den Churfürsten dadurch zu verursachen, sich seiner anzunehmen. Aber dieser Anschlag gerieth gar übel. Denn nachdem des Churfürsten Geleit gebrochen, hat der Churfürst also fort Meister Hansen dem Scharffrichter, welcher ein ausbündiger Schwartzkünstler war, befohlen, daß er ihm die Gäste solte in die Stadt Berlin schaffen, so wolte er sehen, wie er sie möchte zu Gehorsam bringen. [...] Darum hat Meister Hans der Scharffrichter durch seine Kunst so viel zuwege gebracht, daß Kohlhase mit seiner Gesellschafft hat müssen gen Berlin kommen. [...]

Nicht lange darnach hat der Churfürst zu Brandenburg den Sachsen einen peinlichen Zutritt und gerichtlichen Prozeß wieder Kohlhasen verstattet, derowegen er den Montag nach Palmarum mit Nagelschmieden und dem Küster, der sie gehauset, ist fürs Gerichte gestellet, und [...] angeklaget worden. Darauff Kohlhase, dieweil er ziemlich beredt, etwas studiert und wohl belesen gewesen, seine Antwort dermassen ausführlich gethan, und den gantzen Handel nach allen Umständen über 3 Stunden von Anfang bis zu Ende nothdurftig referiret und fürbracht, daß sich des jedermann drüber verwundert, und ihm Beyfall geben müssen. Weil aber die Verbitterung so groß gewesen, ist er zum Tode des Rades verurtheilet worden. [...]

(Zit. nach Bogdal, Klaus-Michael: Heinrich von Kleist: Michael Kohlhaas. München 1981, S. 76–81.)

9 „Factor" = enger Gefolgsmann, Finanzverwalter

Aufgaben:

1. Diskutieren Sie Ihr Verständnis des Schiller-Zitates.
2. Vergleichen Sie die in der historischen Chronik zusammengefasste *Geschichte des Hans Kohlhase* mit der Handlung der Erzählung des *Michael Kohlhaas* von Kleist.
3. Diskutieren Sie die These, „die Illusion der Authentizität des Michael Kohlhaas [sei] nicht trotz, sondern wegen seiner Abweichung von der historischen Quelle entstanden". (Fischer-Lichte, Erika: Heinrich von Kleist: Michael Kohlhaas. Reihe Grundlagen und Gedanken zum Verständnis erzählender Literatur. Frankfurt/Main 1991, S. 20)

Die Erzählung als Geschichtsschreibung

Die Geschichte des Hans Kohlhase (nach der *Maerckischen Chronic* von Peter Hafftitz, erschienen 1731 in Schöttgen und Kreysigs *Diplomatische und curieuse Nachlese der Historie von Ober-Sachsen, und angrentzenden Ländern*)

- **Figur des Hans Kohlhase im Vergleich zu Kleists Michael Kohlhaas**
  - Name leicht verändert
  - beide Pferdehändler
  - Ort: Grenzgebiet Sachsen/Brandenburg, andere Ortsangaben
- **Der Streitfall bei Hans Kohlhase im Vergleich zu Kleists Michael Kohlhaas**
  - beide ziehen mit Pferden nach Sachsen, um sie zu verkaufen
  - Hans Kohlhase wird von einem Adligen beschuldigt, die Pferde gestohlen zu haben, während von Michael Kohlhaas ein Passierschein verlangt wird
  - Hans Kohlhase lässt die Pferde auf Kosten des Adligen bei Gericht stehen, bis er den Nachweis erbracht hat, dass er die Pferde rechtmäßig erworben habe, während Michael Kohlhaas die Pferde beim Junker zusammen mit seinem Knecht zurücklässt, bis er erfahren hat, ob es einen solchen Passierschein überhaupt gibt
  - beide Adligen missbrauchen die Pferde für die Feldarbeit, weshalb die edlen Pferde abmagern und „ganz und gar verdorben“ sind
  - Hans Kohlhase und Michael Kohlhaas lehnen die Rücknahme der Pferde ab: Hans Kohlhase verlangt eine entsprechende Entschädigung; Michael Kohlhaas verlangt, dass ihm neben einer Entschädigung die Pferde im ursprünglichen Zustand übergeben werden
- **Der Rechtsweg bei Hans Kohlhase im Vergleich zu Kleists Michael Kohlhaas**
  - bei Michael Kohlhaas bedeutend verlängert, komplizierter gemacht und weniger durchschaubar als bei Hans Kohlhase, der nur einmal vor Gericht versucht, sein Recht zu bekommen
  - Michael Kohlhaas beschreitet mehrere Rechtswege
- **Die Fehde/Rache bei Hans Kohlhase im Vergleich zu Kleists Michael Kohlhaas**
  - Hans Kohlhase richtet nach der Ablehnung vor Gericht seine Fehde/Rache gegen den Kurfürsten von Sachsen und damit gegen das Land Sachsen (gemäß mittelalterlichem Fehderecht)
  - Michael Kohlhaas richtet nach dem Tod seiner Frau Lisbeth seine Rache/Fehde gegen den Junker Wenzel von Trotta
- **Die Episode mit Luther bei Hans Kohlhase im Vergleich zu Kleists Michael Kohlhaas**
  - Hans Kohlhase wird von Luther freiwillig empfangen und von diesem nicht kriminalisiert
  - Michael Kohlhaas wird von Luther nur widerwillig empfangen (Eindringen in Zimmer)
  - Luther nimmt nur Hans Kohlhase die Beichte ab, während er sie Michael Kohlhaas verwehrt
  - Hans Kohlhase und Michael Kohlhaas machen gegenüber Luther Zugeständnisse (keinen Schaden mehr gegen freies Geleit)

Der Fall Michael Kohlhaas gemessen an heutigem Recht

Auszug aus dem Grundgesetz für die Bundesrepublik Deutschland vom 23.5.1949, zuletzt geändert am 26.7.2002

Art. 1 [Schutz der Menschenwürde]
(1) Die Würde des Menschen ist unantastbar. Sie zu achten und zu schützen ist Verpflichtung aller staatlichen Gewalt.
Art. 2 [Freiheitsrechte]
(1) Jeder hat das Recht auf die freie Entfaltung seiner Persönlichkeit, soweit er nicht die Rechte anderer verletzt und nicht gegen die verfassungsmäßige Ordnung oder das Sittengesetz verstößt.
(2) Jeder hat das Recht auf Leben und körperliche Unversehrtheit. Die Freiheit der Person ist unverletzlich. In diese Rechte darf nur auf Grund eines Gesetzes eingegriffen werden.
Art. 3 [Gleichheit vor dem Gesetz]
(1) Alle Menschen sind vor dem Gesetz gleich.
Art. 10 [Brief-, Post- und Fernmeldegeheimnis]
(1) Das Briefgeheimnis sowie das Post- und Fernmeldegeheimnis sind unverletzlich.
Art. 11 [Freizügigkeit]
(1) Alle Deutschen genießen Freizügigkeit im ganzen Bundesgebiet.
Art. 14 [Eigentum, Erbrecht und Enteignung]
(1) Das Eigentum und das Erbrecht werden gewährleistet. Inhalt und Schranken werden durch die Gesetze bestimmt.
(2) Eigentum verpflichtet. Sein Gebrauch soll zugleich dem Wohle der Allgemeinheit dienen.
(3) Eine Enteignung ist nur zum Wohle der Allgemeinheit zulässig. Sie darf nur durch Gesetz oder auf Grund eines Gesetzes erfolgen, das Art und Ausmaß der Entschädigung regelt. […]
Art. 17 [Petitionsrecht]
Jedermann hat das Recht, sich einzeln oder in Gemeinschaft mit anderen schriftlich mit Bitten oder Beschwerden an die zuständigen Stellen und an die Volksvertretung zu wenden.
Art. 19 [Einschränkung von Grundrechten]
(4) Wird jemand durch die öffentliche Gewalt in seinen Rechten verletzt, so steht ihm der Rechtsweg offen. […]
Art. 20 [Staatsstrukturprinzipien; Widerstandsrecht]
(2) Alle Staatsgewalt geht vom Volke aus. Sie wird vom Volke in Wahlen und Abstimmungen und durch besondere Organe der Gesetzgebung, der vollziehenden Gewalt und der Rechtsprechung ausgeübt.
(3) Die Gesetzgebung ist an die verfassungsmäßige Ordnung, die vollziehende Gewalt und die Rechtsprechung sind an Gesetz und Recht gebunden.
(4) Gegen jeden, der es unternimmt, diese Ordnung zu beseitigen, haben alle Deutschen das Recht zum Widerstand, wenn andere Abhilfe nicht möglich ist.
Art. 92 [Gerichtsorganisation]
Die rechtsprechende Gewalt ist den Richtern anvertraut […]
Art. 97 [Richterliche Unabhängigkeit]
(1) Die Richter sind unabhängig und nur dem Gesetze unterworfen.
Art. 101 [Recht auf den gesetzlichen Richter]
(1) Ausnahmegerichte sind unzulässig. Niemand darf seinem gesetzlichen Richter entzogen werden.
Art. 102 [Abschaffung der Todesstrafe]
Die Todesstrafe ist abgeschafft.
Art. 105 [Verteilung der Gesetzgebungskompetenz im Steuerwesen]
(1) Der Bund hat die ausschließliche Gesetzgebung über die Zölle und Finanzmonopole.

Auszug aus dem Bürgerlichen Gesetzbuch in der Fassung der Bekanntmachung vom 2.1.2002, zuletzt geändert am 22.12.2006.

§ 226
Schikaneverbot

Die Ausübung eines Rechts ist unzulässig, wenn sie nur den Zweck haben kann, einem anderen Schaden zuzufügen.

§ 227
Notwehr

(1) Eine durch Notwehr gebotene Handlung ist nicht widerrechtlich.
(2) Notwehr ist diejenige Verteidigung, welche erforderlich ist, um einen gegenwärtigen rechtswidrigen Angriff von sich oder einem anderen abzuwenden.

Der Fall Michael Kohlhaas gemessen an heutigem Recht

§ 228
Notstand

Wer eine fremde Sache beschädigt oder zerstört, um eine durch sie drohende Gefahr von sich oder einem anderen abzuwenden, handelt nicht widerrechtlich, wenn die Beschädigung oder die Zerstörung zur Abwendung der Gefahr erforderlich ist und der Schaden nicht außer Verhältnis zu der Gefahr steht. Hat der Handelnde die Gefahr verschuldet, so ist er zum Schadensersatz verpflichtet.

§ 229
Selbsthilfe

Wer zum Zwecke der Selbsthilfe eine Sache wegnimmt, zerstört oder beschädigt oder wer zum Zwecke der Selbsthilfe einen Verpflichteten, welcher der Flucht verdächtig ist, festnimmt oder den Widerstand des Verpflichteten gegen eine Handlung, die dieser zu dulden verpflichtet ist, beseitigt, handelt nicht widerrechtlich, wenn obrigkeitliche Hilfe nicht rechtzeitig zu erlangen ist und ohne sofortiges Eingreifen die Gefahr besteht, dass die Verwirklichung des Anspruchs vereitelt oder wesentlich erschwert werde.

§ 230
Grenzen der Selbsthilfe

(1) Die Selbsthilfe darf nicht weiter gehen, als zur Abwendung der Gefahr erforderlich ist.
(2) Im Falle der Wegnahme von Sachen ist, sofern nicht Zwangsvollstreckung erwirkt wird, der dingliche Arrest zu beantragen.

§ 858
Verbotene Eigenmacht

(1) Wer dem Besitzer ohne dessen Willen den Besitz entzieht oder ihn im Besitz stört, handelt, sofern nicht das Gesetz die Entziehung oder die Störung gestattet, widerrechtlich (verbotene Eigenmacht).
(2) Der durch verbotene Eigenmacht erlangte Besitz ist fehlerhaft. Die Fehlerhaftigkeit muss der Nachfolger im Besitz gegen sich gelten lassen, wenn er Erbe des Besitzers ist oder die Fehlerhaftigkeit des Besitzes seines Vorgängers bei dem Erwerb kennt.

§ 859
Selbsthilfe des Besitzers

(1) Der Besitzer darf sich verbotener Eigenmacht mit Gewalt erwehren.
(2) Wird eine bewegliche Sache dem Besitzer mittels verbotener Eigenmacht weggenommen, so darf er sie dem auf frischer Tat betroffenen oder verfolgten Täter mit Gewalt wieder abnehmen.

§ 1204
Gesetzlicher Inhalt des Pfandrechts an beweglichen Sachen

(1) Eine bewegliche Sache kann zur Sicherung einer Forderung in der Weise belastet werden, dass der Gläubiger berechtigt ist, Befriedigung aus der Sache zu suchen (Pfandrecht).
(2) Das Pfandrecht kann auch für eine künftige oder eine bedingte Forderung bestellt werden.

Aufgaben:

Ihnen liegen hier Auszüge aus dem *Grundgesetz* sowie dem *Bürgerlichen Gesetzbuch* der Bundesrepublik Deutschland vor.

1. Prüfen Sie in Partnerarbeit die einzelnen Artikel/Paragrafen in Hinblick auf eine mögliche Relevanz für den Kohlhaas-Fall.
2. Verfassen Sie unter Bezugnahme auf diese Texte ein Verteidigungsschreiben Michael Kohlhaas'.
3. Das Recht sah zur Zeit Kleists (19. Jahrhundert) oder gar zu der Zeit in der MICHAEL KOHLHAAS spielt (16. Jahrhundert) weitaus komplizierter aus: Recherchieren Sie und vergleichen Sie Ihre Ergebnisse. Ist es sinnvoll, Kohlhaas' Fall an geschriebenem Recht zu messen? Warum?

Thesen zu Michael Kohlhaas

Kohlhaas erscheint keineswegs als der glänzende Gerechtigkeitsheld, den viele in ihm sehen, sondern eher als derjenige, der einen Prozess in Gang setzt, der sich sehr rasch von ihm ablöst und nicht nur über das Land, sondern auch über ihn hinweggeht, bis er endlich mit äußerster Mühe zum Stehen gebracht wird. […] Kohlhaas ein Rebell der Gerechtigkeit? Nein, eher ein **gebrochener Terrorist**, weit entfernt von seinen lang vergessenen Anfängen.

(Skrotzki, Ditmar: Ist Kleists Erzählung vom Kohlhaas wirklich die Geschichte des Rebellen Kohlhaas? Oder: Wie stoppt man den Teufel, der auf zwei Rappen durch Sachsen reitet? In: Heilbronner Kleist-Schriften. Heft 3, 1993.)

Daher zeichnet sich in der Kleist'schen Empörung des Michael Kohlhaas allein ihre reine und abstrakte Gestalt ab: die Rebellion ohne Wille zur Macht, um eine aus den Fugen gesprungene Ordnung durch Selbsthilfe wiederherzustellen. In dieser Urgestalt ist Michael Kohlhaas unseres Erachtens der **Prototyp aller Anarchisten**, seine Erscheinung trägt jedoch einige spezifisch deutsche Züge.

(Bartsch, Günter: Anarchismus in Deutschland. Bd. I 1945 – 1965. Hannover 1972 – zit. nach Gerth: Vom preußischen Helden zum Terroristen. „Michael Kohlhaas" in der Rezeptionsgeschichte. In: Praxis Deutsch Nr. 100/1990, S. 62.)

Nur einmal wurde ein Querulant aus Größe dargestellt und so kanonisch, wie er es verdient: Michael Kohlhaas. Nur bei ihm glüht der Paragraph eines vorhandenen Gesetzes so, als wäre göttliches Recht darin. Nur Kohlhaas hat auf die Befolgung eines Paragraphen so rebellisch gedrungen, als wäre hier Naturrecht, ja ein Glanzstück von Naturrecht. So verschaffte er die stärkste und betroffenste Lehrnovelle über einen **Paragraphenreiter aus Rechtsgefühl.**

(Bloch, Ernst: Über Rechtsleidenschaft innerhalb des positiven Gesetzes. In: Ders.: Naturrecht und menschliche Würde. Frankfurt/M. 1977. Zit. n. Bogdal, Klaus-Michael: Heinrich von Kleist: Michael Kohlhaas. München 1981, S. 105.)

Das Opfer einer käuflichen oder parteiischen Justiz wird fast gewaltsam aus der Bahn des Rechts herausgestoßen, wird Rächer und Vollstrecker seines Rechts auf eigene Hand und nicht selten, indem er über das Ziel hinausschießt, ein geschworner Feind der Gesellschaft, Räuber und Mörder. Aber auch derjenige, den seine edle, sittliche Natur gegen diesen Abweg schützt, wie Michael Kohlhaas, wird Verbrecher, und indem er die Strafe desselben erleidet, **Märtyrer seines Rechtsgefühls.** Man sagt, daß das Blut des Märtyrers nicht umsonst fließe, und es mag sich das bei ihm bewahrheitet und sein mahnender Schatten noch lange ausgereicht haben, um eine solche Vergewaltigung des Rechts, wie sie ihn getroffen hatte, unmöglich machen.

(Ihering, Rudolf von: Der Kampf ums Recht. Wien 1874 (Reprint: Darmstadt 1963). Zit. n. Bogdal a. a. O., S. 103.)

Thesen zu Michael Kohlhaas

Unter den „Mythen des Alltags“ stellt Kohlhaas den **Archetypus des Bürgers** im Kampf um das Recht dar, das ihm die Institutionen der Gesellschaft verweigert.

(Bogdal a. a. O., S. 7)

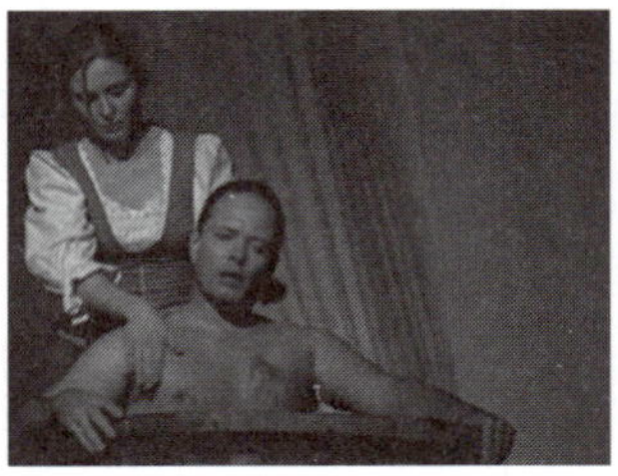

Zum Räuber wird Michael Kohlhaas durch die Überspitzung eines Ichs, das nicht von sich loskommt und sich vergrößert, anwächst, mit der Gesamtheit identifiziert, sie mit seinem Aussatz ansteckt und mit in die gleiche Verdammnis reißt. Scheußliche Übersteigerung von Minderwertigkeitskomplexen, keinerlei begründete Ansprüche, aber Freude daran, Ansprüche um der Ansprüche willen zu erheben, Menschen- und Götterdämmerung, Verherrlichung einer kosmischen Sintflut: Der ganze Hitler ist da.

(Cassou, Jean: Kleist et le somnambulisme tragique. In: Cahiers du Sud Mai/Juni 1937. Zit. n. Hamacher, Bernd: Heinrich von Kleist: Michael Kohlhaas. Erläuterungen und Dokumente. Stuttgart 2003, S. 104.)

[alle Hervorhebungen durch die Verfasser]

Aufgabe:

Die obige Zusammenstellung enthält Aussagen zu Michael Kohlhaas aus der Rezeptionsgeschichte der Erzählung. Wählen Sie *eine* der folgenden Aufgaben zur Erschließung:

a. Verfassen Sie zu einem ausgewählten Zitat eine literarische Erörterung. Beachten Sie dabei alle Aussagen des Zitats.

b. Setzen Sie sich in sechs Gruppen mit je einem Zitat auseinander und entwickeln Sie eine Argumentationsstrategie zur Stützung der Aussage. Führen Sie anschließend eine Podiumsdiskussion zur Deutung der Michael Kohlhaas-Figur durch.

c. Schneiden Sie die Aussagen aus und stellen Sie diese anhand selbst entwickelter Kategorien in eine grafische Beziehung zueinander.

Versuche der Vereinnahmung

„Symbol deutscher Art!“

„Querulant!“

„Hypochonder!“

„Berserker!“

„Halbgott!“

„Musterhafter tragischer Held!“

„Eine dem besten Nationalsozialisten verwandte Persönlichkeit!“

„Die Fülle und Heterogenität der Kohlhaas-Bilder in Dichtung und Wissenschaft ist frappierend: sie reicht vom Querulanten bis zum Halbgott, vom kleinlichen Rechthaber zum Märtyrer, vom Vertreter bäuerlicher Volkskraft zum abstrakten Idealisten, vom Kerl des Volks zum realen Bourgeois, vom Heiligen des Rechts bis zum Terroristen: Kohlhaas übernimmt die Rollen des germanischen Sagamanns, des preußischen Helden und des deutschen Michel, und er endet als deutscher Wicht. Diese Fülle spricht einerseits für die Größe und Vielschichtigkeit der Figur, die etwas von der Unauslotbarkeit einer lebendigen Gestalt zu besitzen scheint; sie zeugt andererseits aber auch von der Selektivität des Lesens, das immer nur das findet, was die Leser suchen oder was in ihren Erwartungshorizont passt.
Selektivität gehört zur Konkretisation eines Werks, in Maßen auch in der Wissenschaft. Ist Konkretisation doch immer das Produkt zweier Faktoren: der Anweisungen, die ein Text dem Leser vorgibt, und dessen, was er daraus macht.“

(Gerth, Klaus: Michael Kohlhaas – eine deutsche Symbolfigur? In: Wunderlich, Werner (Hrsg.): Literarische Symbolfiguren. Von Prometheus bis Švejk. Beiträge zu Tradition und Wandel. Bern und Stuttgart 1989, S. 161 – 188, hier: S. 187.)

Aufgaben:

1. MICHAEL KOHLHAAS ist seit seinem Erscheinen immer wieder als Symbolfigur für ganz unterschiedliche weltanschauliche Standpunkte gesehen worden. Verfassen Sie aus einer der folgenden Perspektiven einen kurzen Aufsatz, der MICHAEL KOHLHAAS in den Dienst einer der folgenden Zielvorstellungen stellt:
   Demokratie – Nationalsozialismus – Rechtsstaat – Sozialismus – Anarchie
2. Diskutieren Sie die Ergebnisse: Wie schlüssig ist die Argumentation? Passt eines der Weltbilder besonders gut?
3. Können Sie vor dem Hintergrund Ihrer Ergebnisse den Ausführungen Gerths zustimmen?

Immer wieder: Die Frage der Gerechtigkeit

Friedrich Dürrenmatt: Der Besuch der alten Dame. Eine tragische Komödie

Handlung:
Die Milliardärin Claire Zachanassian, die „alte Dame“ aus dem Titel, besucht die völlig verarmte Kleinstadt Güllen, in der sie ihre Jugendzeit als Klara Wäscher verbracht hat. Die Einwohner verbinden mit dem Besuch der reichen Dame ihre Hoffnung auf finanzielle Zuwendungen, nicht wissend, dass die Milliardärin für ihre Armut verantwortlich ist und Rache für ein altes, an ihr begangenes Unrecht sucht. Als sie in ihrer Jugend von dem Güllener Alfred Ill ein Kind erwartete, bestritt dieser die Vaterschaft und gewann mit Hilfe eines korrupten Richters und bestochener Zeugen den von Klara gegen ihn angestrengten Prozess. Klara Wäscher musste ihre Heimat arm, wehrlos und entehrt verlassen, schlug sich als Prostituierte durch, gelangte jedoch danach durch Heirat mit einem Ölquellenbesitzer, der noch zahlreiche weitere Ehen folgten, zu einem riesigen Vermögen. Ihren Rachefeldzug gegen ihre Jugendliebe Ill beginnt sie, indem sie die Fabriken und Industrieanlagen Güllens aufkauft und systematisch in den Ruin treibt. Die Bürger verlieren mehrheitlich ihre Arbeit und die Stadt verarmt.
Nach ihrer Ankunft in Güllen unterbreitet die „alte Dame“ den Bürgern ein Angebot: Sie würde ihnen eine Milliarde schenken, wenn sie Ill umbrächten.
Entrüstet lehnen die Bewohner diese Forderung zunächst ab und berufen sich dabei auf die Menschenrechte und die -würde. Doch seltsamerweise beginnen sie, Geld auszugeben, schaffen sich neue und teurere Sachen an und die Kaufleute gewähren Kredite, so als ob alle mit einem größeren Vermögenszuwachs rechnen könnten. Ill wehrt sich verzweifelt und fordert, dass gegen die „alte Dame“ vorgegangen wird, doch die „ehrenwerten“ Bürger Güllens, unter ihnen der Bürgermeister, der Polizist und der Lehrer, denken nicht daran, die angehende Wohltäterin aus der Stadt zu jagen. Als Ill sich schließlich von Schuld und Angst zermürbt dem Urteil seiner Mitbürger stellen will, lässt der Bürgermeister eine Versammlung einberufen und in der Presse verkünden, dass Frau Zachanassian durch Vermittlung ihres Jugendfreundes Ill der Stadt eine Milliardenstiftung gewährt habe. Die Bürger bilden eine Gasse und Ill geht auf sie zu. Als die Bürger den Blick freigeben, liegt Ill tot am Boden. Die getäuschte Presse lobt den Getöteten als großen Wohltäter und Claire lässt ihn in einem mitgebrachten Sarg in ein eigens für ihn und sie gebautes Mausoleum bringen. Der Bürgermeister nimmt den Milliardenscheck dankend entgegen.

Aufgaben:

1. In einer Radiosendung treffen unter der Leitung eines Moderators Michael Kohlhaas und Claire Zachanassian aufeinander. Gemeinsam mit dem Moderator sollen sie über das Thema „Gerechtigkeit“ diskutieren und das Verhalten des jeweils anderen kommentieren.
   Spielen Sie in einem Rollenspiel diese Radio-Diskussion durch. Bilden Sie dazu zunächst drei Kleingruppen (Moderation, Alte Dame, Kohlhaas) und bereiten Sie die Argumente und die Gesprächsstrategien sowie die Fragen der Moderation vor.
2. Findet sich bei Dürrenmatt ein moderneres Verständnis von Gerechtigkeit als bei Kleist? Diskutieren Sie diese Frage.

Ist MICHAEL KOHLHAAS eine Novelle?

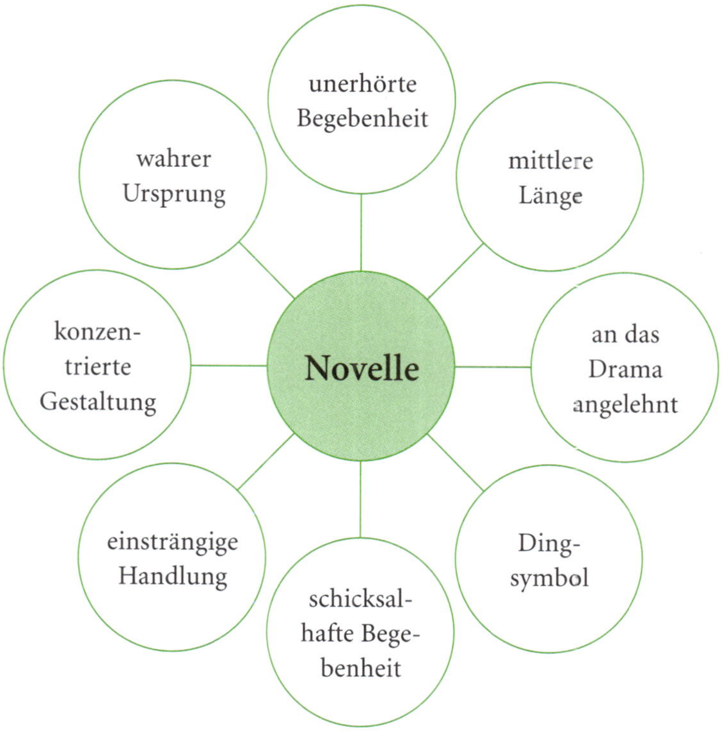

Merkmal	vorhanden/ nicht vorhanden (Erläuterung)	(gegebenenfalls) Belege
konzentrierte Gestaltung		
wahrer Ursprung		

Aufgaben:

1. Die Grafik zeigt gängige Merkmale einer Novelle. Informieren Sie sich zusätzlich in der Fachliteratur / im Internet über den Gattungsbegriff und dessen Problematik.
2. Vervollständigen Sie die Tabelle, indem Sie erläutern, inwiefern das jeweilige Merkmal auf MICHAEL KOHLHAAS zutrifft oder nicht. Geben Sie ggf. Belege.
3. Erweitern Sie Ihre Kenntnisse über gängige Novellenkonzeptionen, indem Sie sich anhand einschlägiger Darstellungen informieren.
   Literaturhinweise:
   Aust, Hugo: Novelle. Stuttgart ^{4}2006.
   Freund, Winfried: Novelle. Stuttgart 1998.
   Rath, Wolfgang: Die Novelle. Konzept und Geschichte. Göttingen ^{2}2008.
4. Beurteilen Sie: Inwieweit handelt es sich bei MICHAEL KOHLHAAS um eine Novelle?

Ist Michael Kohlhaas eine Novelle?

Merkmal	vorhanden/nicht vorhanden (Erläuterung)	(gegebenenfalls) Belege
konzentrierte Gestaltung	+ Der Text ist sehr konzentriert gestaltet + große Dichte an Informationen	z. B. Informationsdichte in einzelnen Sätzen
wahrer Ursprung	+ Die Erzählung fußt auf einer wahren Begebenheit	vgl. *Maerckische Chronik* von Peter Hafftitz
unerhörte Begebenheit	+ Das Unrecht an Kohlhaas und dessen Reaktion	
mittlere Länge	+ Die Länge liegt zwischen der einer Erzählung und eines Romans	
an das Drama angelehnt	+ Der Spannungsaufbau ist dem des Dramas ähnlich	
Dingsymbol	o Rappen können als solches gesehen werden, während der Zigeunerin-Episode verlieren wir diese jedoch aus den Augen	Pferde werden in der gesamten Episode nicht erwähnt
schicksalhafte Begebenheit	+ Die Willkür, die gegen Kohlhaas gerichtet ist, ist schicksalhaft	
einsträngige Handlung	o Die Zigeunerin-Episode fällt aus der ansonsten einsträngigen Handlung heraus	zeitlich: Rückblick; Handlung: Zigeunerin-Episode hängt nicht unmittelbar mit Kohlhaas' Versuch, an sein Recht zu gelangen, zusammen

In welche Epoche gehört MICHAEL KOHLHAAS?

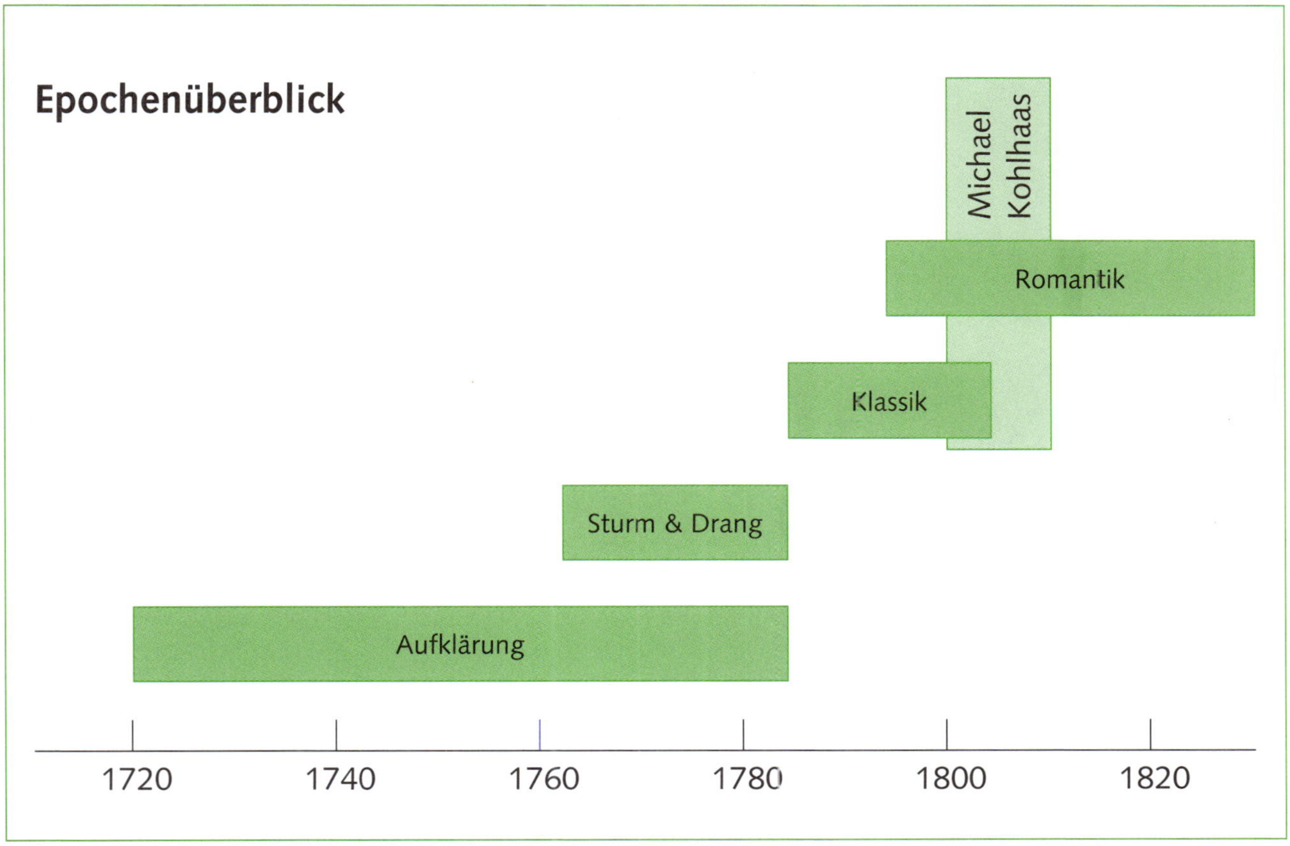

Aufgaben:

1. Sammeln Sie in arbeitsteiliger Gruppenarbeit Merkmale für die vier in der Übersicht genannten literarischen Epochen. Überprüfen Sie anschließend, welche Aspekte der Erzählung MICHAEL KOHLHAAS sich mit den gesammelten Epochenmerkmalen decken.
2. Präsentieren Sie dem Rest der Lerngruppe Ihre Ergebnisse und betonen Sie dabei die Merkmale der Erzählung, die eine Zuordnung zu der von Ihnen erarbeiteten Epoche nahe legen.
3. Diskutieren Sie nach den vier Vorträgen: Wie ist MICHAEL KOHLHAAS einzuordnen?
4. Halten Sie die Ergebnisse Ihrer Arbeit auf einem Lernplakat fest. Auf diesem sollte inhaltlich und grafisch deutlich werden, inwieweit MICHAEL KOHLHAAS Bezüge zu den jeweiligen Epochen aufweist.

➤ Schüler-/innen finden mehr zu diesem Thema im Oldenbourg Textnavigator MICHAEL KOHLHAAS, Kap. 4.4

Michael Kohlhaas als mentales Modell

1

Sylvester Stallone in *Rambo*

2

Jan Henrik Stahlberg in *Muxmäuschenstill*

3

Moritz Bleibtreu in *Der Baader-Meinhof-Komplex*

4

Michael Douglas in *Falling Down*

Aufgaben:

1. Diskutieren Sie zunächst gemeinsam: Inwieweit handelt es sich bei den abgebildeten Filmfiguren – sofern sie Ihnen bekannt sind – um Michael Kohlhaas-*Gestalten?* Berücksichtigen Sie bei Ihrer Diskussion auch die jeweiligen historischen und gesellschaftlichen Rahmenbedingungen.
2. Verfassen Sie nach dem Muster Michael Kohlhaas' eine Erzählung, die in der Gegenwart spielt. Achten Sie darauf, dass möglichst viele Motive der Ursprungserzählung wiederkehren, ohne dass Sie diese unmittelbar kopieren.
3. Bewerten Sie Ihre Ergebnisse: Ist es Ihnen gelungen, Michael Kohlhaas als mentales Modell im Sinne eines übertragenen Handlungsmusters in einen neuen Kontext zu übertragen?

Rambo – eine moderne Kohlhaas-Figur?

Der Film RAMBO (1982)

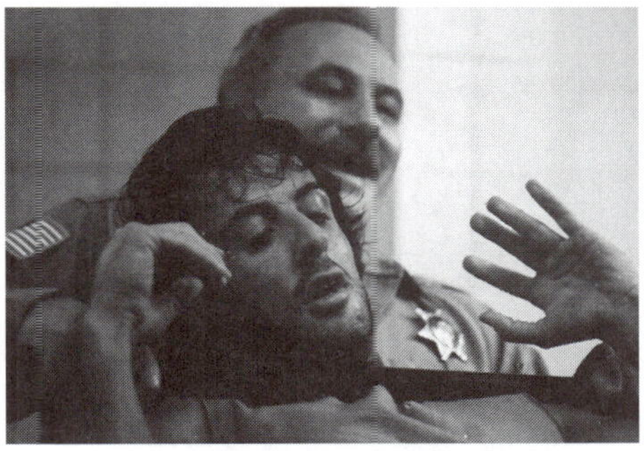

Der wortkarge Vietnamkriegsveteran John Rambo (Sylvester Stallone) sucht den letzten Überlebenden seiner ehemaligen Elite-Einheit der Green Berets auf, erfährt aber, dass dieser an Krebs verstorben ist. Er zieht weiter und will in der Stadt Hope etwas zu essen bekommen. Als er die Stadtgrenze passiert, verweist der ansässige Sheriff Will Teasle ihn aufgrund seines heruntergekommenen Aussehens der Stadt. Rambo lässt sich zunächst widerspruchslos von Teasle aus der Stadt fahren, kehrt dann aber zu Fuß wieder um und missachtet den Stadtverweis. Daraufhin verhaftet Teasle ihn als Landstreicher. Im Bezirksgefängnis wird Rambo von den Hilfssheriffs misshandelt und gedemütigt. In die Enge getrieben, werden in dem Ex-Green-Beret traumatische Erinnerungen an seine Zeit als Kriegsgefangener wach. Er befreit sich gewaltsam aus seiner Inhaftierung und ergreift die Flucht in die Berge. Als die Beamten Schusswaffen einsetzen, beginnt für Rambo der Kampf ums Überleben. Als ein Hilfssheriff sich den Anweisungen Teasles widersetzt und aus einem Hubschrauber auf den Flüchtigen schießt, schleudert der in Notwehr einen Stein gegen den Hubschrauber, wodurch der Hilfssheriff das Gleichgewicht verliert und zu Tode stürzt. Die übrigen Polizisten halten Rambo für den Mörder ihres Kollegen und lehnen sein Angebot ab, die Sache zu beenden: Als Rambo mit erhobenen Armen beteuert, nichts getan zu haben und niemandem mehr schaden zu wollen, eröffnen einige Polizisten entgegen Teasles Anweisungen das Feuer auf ihn. Rambo flüchtet weiter.

Von Rachsucht getrieben, nutzt der Sheriff jedes ihm zu Verfügung stehende Mittel. Gegen den Kriegshelden haben die Polizisten aber kaum eine Chance. Mittels Guerilla-Taktik setzt er seine Verfolger der Reihe nach außer Gefecht und treibt zuletzt den Sheriff in die Falle. Rambo demonstriert seine Überlegenheit, mit der er seine Gegner hätte töten können, und bittet Teasle ein letztes Mal, die Verfolgung abzubrechen. Inzwischen artet die Sache zu einem Medienspektakel aus. Die Staatspolizei und die Nationalgarde werden mobilisiert, um Rambo zu fassen. Sogar Rambos Ausbilder und Freund Colonel Trautman kommt, um die Polizisten vor Rambo zu schützen.

Als die Nationalgarde Rambo in einer Mine umzingelt, sprengen die Soldaten den Eingang und sind sicher, ihn getötet zu haben. Doch Rambo überlebt und beginnt nun seinerseits einen Rachefeldzug gegen den Sheriff. Er macht sich auf in die Stadt und hinterlässt auf dem Weg zum Gefängnis eine Spur der Verwüstung. Rambo nutzt das Chaos, um sich unbemerkt an den Sheriff heranzuschleichen, und verletzt ihn schwer. Trautman kommt rechtzeitig, um Schlimmeres zu verhindern, und kann Rambo, der nach einem Nervenzusammenbruch in Tränen ausbricht, schließlich zur Aufgabe bewegen.

Aufgaben:

1. Vergleichen Sie MICHAEL KOHLHAAS mit dem Film RAMBO.
2. Erörtern oder diskutieren Sie, ob man davon sprechen kann, dass Rambc eine moderne Kohlhaas-Figur ist. Wenn ja, inwiefern?

Michael Kohlhaas heute

Pferdehändler wird Autonomer

Edda Klepp inszeniert Kleists „Michael Kohlhaas“ als famoses Lehrstück nicht nur für Jugendliche

Münster. Es gibt nichts auf dem Globus und in der Geschichte, was nicht schon dagewesen wäre. Erinnern wir uns an den Hollywood-Star Michael Douglas in dem Streifen „Falling Down“. Auch in ihm steckte ein Stück „Michael Kohlhaas“ aus dem 16. Jahrhundert. Ein Mann sieht rot, weil er sich von der Gesellschaft missachtet und ausgegrenzt sieht. Er startet seinen ganz privaten Rachefeldzug gegen das „Establishment“, kurzum, gegen alle, die sich ihm entgegenstellen. Die verbürgte Geschichte des Pferdekaufmanns Hans Kohlhase, 1810 in einer Erzählung von Heinrich von Kleist weitertransportiert, kam am Dienstagabend in einer treffsicheren Adaption von Franziska Steiof und in der handfesten Regie von Edda Klepp auf die Bühne des Kleinen Hauses. Keine Frage: Dieses Jugendstück ist auch ein prächtiges Erwachsenenstück und zählt zu den besten Produktionen der laufenden Spielzeit. Entsprechend freundlich war der Schlussapplaus.

Der Zuschauer hat es zunächst mit drei herumlungernden Typen im Hinterhof-Milieu zu tun. Sowi-Lehrerinnen aus den 70er-Jahren hätten diese Kleingruppen auch „Peer-Group“ genannt. Aus zunächst belanglosen Dialogen und aus der Zeitung rezitierten Polizeimeldungen springen die drei Akteure – Philip Gregor Grüneberg, Frank-Peter Dettmann und Carola von Seckendorff – plötzlich in Kleists Geschichte des Michael Kohlhaas. Dazu braucht es nur einen roten Mantel oder das eine oder andere Accessoire, und schon befinden wir uns thematisch im 16. Jahrhundert und in einer so ganz anderen 19. Jahrhundert-Sprachwelt des Heinrich von Kleist. In einer Sprachwelt, die so reichhaltig an Begriffen und Vokabeln ist, dass es eine Wonne ist, den Akteuren (vor allem Frank-Peter Dettmann) zuzuhören.

Pferdehändler Kohlhaas, den Philip Gregor Grüneberg anfangs noch wie einen wohlerzogenen Handlungsreisenden darstellt, fällt der bösartigen Willkür des Junkers von Tronka anheim. Seine als Pfand bei der Durchreise zurückgelassenen Pferde sind bei seiner Rückkehr nur noch ausgemergelte Schindmähren, sein Knecht Herse wird misshandelt, seine Frau will beim Landesherrn um Gerechtigkeit bitten, kommt schwer verletzt zurück und stirbt.

Aus dem braven Pferdehändler Kohlhaas wird nun ein „Autonomer“, der in schwarzem Kapuzenpullover und Kampfweste „Rache“ brüllt und seine Forderung nach „Justice“ an die Wand der schmucklosen Hinterhof-Rampen-Bühne (Bühne und Kostüm: Claudia Kamb) sprüht. Philip Gregor Grüneberg darf die gesamte Verzweiflung und Brutalität des Racheengels ausloten. Die feineren Kabinettstückchen allerdings hat Frank-Peter Dettmann zu bieten, der als Landesherr oder Junker von Tronka schleimig bis arrogant daherkommt, als Stadthauptmann mit widerlicher Fettfrisur Asthma-Anfälle mit dem Inhalator stoppt und als Luther den Moralprediger mimt. Carola von Seckendorff komplettiert das Trio als Kohlhaas' Frau oder Richter.

Das Verdienst dieser Aufführung liegt auf der Hand. Zeitlose Themen wie Ungerechtigkeit, Selbstjustiz und Rache werden in gut portionierten Kleist'schen Häppchen präsentiert. Die Moral: Rache lohnt sich nicht. Auf der Bühne herrschen Tempo und Dramatik. Bravo!

von **Johannes Loy**

(Westfälische Nachrichten/Zeitungsgruppe Münsterland, 17.01.2008)

Aufgabe:

Verfassen Sie auf Grundlage der Theaterkritik einen Leserbrief an die Redaktion der Westfälischen Nachrichten, in welchem Sie sich sowohl mit den gegebenen Informationen über die Inszenierung als auch der Bewertung des Kritikers daran auseinandersetzen.

Knöllchen-Horst

EINE MELDUNG UND IHRE GESCHICHTE

Falsch gelandet

Warum ein parkender Rettungshubschrauber angezeigt wurde

Es ist ein Spätsommertag, mittags, ein Viertel vor eins, als Horst-Werner Nilges auf der B 243 durch die Stadt Herzberg fährt. Er ist auf dem Heimweg, im Kopf formuliert er bereits Anzeige 5017, die er zu Hause schreiben will, denn Anzeigen schreiben ist ein Hobby von ihm. Da sieht er den Rettungshubschrauber, halb auf dem Gehweg an der vierspurigen B 243 landet er, die Rotorblätter rattern noch nach, eine Arztpraxis hat den Hubschrauber angefordert, ein Mann hatte einen Herzstillstand erlitten, muss schnellstmöglich in die Klinik nach Göttingen geflogen werden. Etwa 15 Minuten ist die Straße in Richtung Osterode abgesperrt.

Nilges steigt aus seinem Wagen, zieht seine Digitalkamera, eine Ricoh Caplio R4, macht ein knappes Dutzend Fotos.

Drei Tage später setzt er sich an seinen Computer und schreibt ein Fax an den Leiter der Straßenverkehrsabteilung, Herrn Bündge. Er schreibt Anzeige 5017, es geht dabei eigentlich um einen Lieferwagen im Halteverbot, und weil er so gut dabei ist, gleich darunter: „Der Hubschrauber mit der Kennung D-HDRM ‚parkte‘ zwischen 12:46 und 13:00 Uhr ‚behindernd‘ im eingeschränkten Halteverbot/auf dem Gehweg und auf der B 243.“

Dann klickt er auf „Senden“ und macht sich im Bruchteil einer Sekunde zum unbeliebtesten Mann im Südharz. Das geschieht am 17. August 2008.

Heute sitzt Horst-Werner Nilges in seinem Kellerbüro, bemüht um Fassung. Hinter seinem Schreibtisch steht eine Reihe Aktenordner auf dem Boden, im Regal daneben stehen zwei Bücher, sie tragen die Titel „Die Lebenslügen der Juristen“ und „Was Politiker und Wirtschaftsbosse unserem Land antun“. Nilges ist 54 Jahre alt, ein wenig untersetzt, er trägt ein Karohemd, kein kleinkariertes, und während er erzählt, holt er eine Mappe mit Zeitungsausschnitten und Dokumenten von seinem Schreibtisch, die beweisen sollen, dass er recht hat.

Rund 20.000 Osteroder Falschparker, Gehwegblockierer und Telefonierer hat Nilges in den vergangenen vier Jahren zur Anzeige gebracht,

Rettungshubschrauber im Einsatz: Behindernd „geparkt“

„Knöllchen-Horst“

heute kommt er im Schnitt auf zehn Anzeigen pro Tag. Nilges führt einen Privatkrieg für Recht und Ordnung, für das Große und Ganze, die Einhaltung der Straßenverkehrsordnung.

Die Stadt Osterode, 27.000 Einwohner, liegt im Harz, dem nördlichsten deutschen Mittelgebirge. Früher gehörte die Stadt zum Zonenrandgebiet, die Zone ist weg, das Randgebiet ist irgendwie geblieben. Die nächsten größeren Städte sind die quirlige Studentenstadt Göttingen, das behäbige Braunschweig. Dort ist das Leben.

In Osterode, an den dunklen Fichtenwäldern des Harzes, ist es immer etwas feuchter und kälter. Wer hier lebt, hält zusammen, man geht freundlich miteinander um, dreht nicht gleich durch. Ansonsten? Man muss sich abfinden. Zu den Dingen, mit denen sich die Osteroder abzufinden haben, gehört Horst Nilges. Sie nennen ihn nur noch „Knöllchen-Horst“, und sie meinen es böser, als es klingt. 20.000 Anzeigen in vier Jahren, das macht einsam.

Am Anfang hat Eckhardt Bündge von der Straßenverkehrsabteilung Osterode es noch gut gefunden, dass endlich jemand gegen die Falschparker in der Fußgängerzone vorgegangen ist. Nilges hat das ermutigt. Er ist danach fast täglich durch die Stadt gestreift, durch Bahnhofstraße, Posthof, Herzberger Straße, getrieben wie ein Junkie der Straßenverkehrsordnung, hat Falschparker fotografiert und in seinem Keller Anzeigen geschrieben. Er ist Frührentner, er hat Zeit. Früher ist er mal Taxi gefahren. Er kennt sich aus im Straßenverkehr. „Dem Nilges geht es bei seinen Anzeigen um das Recht“, beteuert Nilges. Er halte sich doch auch an die Regeln, weshalb sollten sie für die anderen nicht gelten? „Ich will die Menschen zu mehr Gesetzestreue erziehen“, sagt er.

So begann die Osteroder Knöllchen-Spirale: Nilges hat angezeigt, die Osteroder haben auf dem Markt getratscht. Nilges hat wieder angezeigt, die Osteroder haben ihn in Karnevalsreden verspottet. Nilges hat immer noch angezeigt, die Osteroder haben wütende Leserbriefe in der Lokalzeitung geschrieben. Braunschweig und Göttingen haben Theater, Osterode hatte Knöllchen-Horst.

Doch dann kommt der 17. August, Nilges schreibt die Zeilen über den Hubschrauber im Halteverbot. Und damit ist er endgültig zu weit gegangen.

Bündge kann kaum glauben, was er da in diesem Fax liest, und leitet es an seinen Vorgesetzten, den Landrat, weiter. Der gibt die Meldung an die Presse, Knöllchen-Horst hat den Bogen überspannt, und die Welt soll es wissen.

Und die Welt bekommt es zu wissen: Zeitungen und Fernsehteams berichten über „Knöllchen-Horst“ als Phänotyp des deutschen Spießers, des unerträglichen Pedanten, für den Regeln mehr bedeuten als Menschlichkeit.

Für die Osteroder ist der Spaß vorbei. Anonyme Anrufe gehen bei Nilges ein, Jugendliche bewerfen sein Haus mit Eiern, ein Leser schreibt an die Lokalzeitung „Harz Kurier“, man solle Nilges in ein Entwicklungsland schicken. Die Osteroder, für die Zusammenhalt so wichtig ist, haben die Höchststrafe verhängt: Knöllchen-Horst wird verstoßen.

Vielleicht war die Hubschrauber-Geschichte nur ein Scherz, wie Nilges nun beteuert. Auf jeden Fall sitzt in seinem Keller ein verbitterter Mann und kramt aus seiner Mappe Papiere heraus, die alles beweisen sollen.

Mein Gott, Nilges, habe Herr Bündge nach der Sache mit dem Hubschrauber zu ihm gesagt, zeigen Sie doch nicht jeden und alles immer gleich an, bringen Sie doch mehr Großmut auf.

In der Straßenverkehrsordnung, sagt Nilges und tippt mit dem Zeigefinger auf seine Papiere, stehe nichts von Großmut. NICOLAS BÜCHSE

DER SPIEGEL 39/2008

(in: DER SPIEGEL 39/2008 – http://www.spiegel.de/spiegel/0,1518,579622,00.html)

Aufgaben:

1. Was verstehen Sie unter einem „Gerechtigkeitsfanatiker“?
2. Überprüfen Sie im obigen Artikel, ob „Knöllchen-Horst“ Ihrer Definition eines „Gerechtigkeitsfanatikers“ entspricht.
3. Vergleichen Sie „Knöllchen-Horst“ mit Michael Kohlhaas. Welche Gemeinsamkeiten gibt es? Was trennt sie?
4. Verfassen Sie einen Leserbrief an den Spiegel, in welchem Sie Ihre Meinung zum Verhalten „Knöllchen-Horsts“ zum Ausdruck bringen.

Kohlhaas unter den Castorgegnern

Sagt Nein!

Wo Recht zu Unrecht wird. Ziviler Ungehorsam in der Anti-AKW-Bewegung

Jochen Stay

Nicht nur in der Friedensbewegung hat der zivile Ungehorsam in der Bundesrepublik eine lange Tradition. Auch im Widerstand gegen Atomanlagen und Atommülltransporte wird seit Jahrzehnten Ungehorsam geübt. Trotz Unterschieden in Ausrichtung und Form haben sich die Aktionen beider Bewegungen immer wieder gegenseitig beeinflusst.

„Lieber heute aktiv als morgen radioaktiv". So stand es auf einem der Transparente, als am 18. Februar 1975 in Wyhl bei Freiburg der Bauplatz des dort geplanten Atomkraftwerks von einigen hundert Menschen aus der Umgebung besetzt wurde. Die Polizei räumte den Platz, was aber zur Folge hatte, dass drei Tage später 20.000 Menschen auf das Gelände zogen. Das war der Anfang vom Ende dieses Kraftwerksprojektes und gilt gleichzeitig als Beginn einer breiten Anti-AKW-Bewegung in der Bundesrepublik.

Begrenzte Regelverletzungen hatten also von Anfang an im Protest und Widerstand gegen das Atomprogramm ihren festen Platz. Und das Spektrum des Ungehorsams ist weiter gesteckt als in der Friedensbewegung. Antimilitaristische Aktionen haben meist entweder eher symbolischen Charakter oder es handelt sich um individuellen Ungehorsam wie beispielsweise bei Totalverweigerern. Anders in der Anti-Atom-Bewegung: Dort gab und gibt es auch immer wieder Ansätze, mit massenhaftem Ungehorsam ganz praktisch in konkrete Projekte einzugreifen.

Große Bauplatzbesetzungen oder Besetzungs-Versuche gab es nach Wyhl auch an anderen AKW-Standorten, wobei es dabei nicht immer nur gewaltfrei zuging, Stichworte sind hier Brokdorf und Grohnde. Als bedeutendste gewaltfreie Besetzung gilt die „Republik Freies Wendland", in der 1980 mehrere tausend Menschen 33 Tage lang auf dem geplanten Bohrloch 1004 über dem Salzstock Gorleben gegen die Errichtung des Atommüll-Lagers Widerstand leisteten und gleichzeitig ein Beispiel dafür gaben, wie alternatives Leben in und mit der Natur aussehen kann. Fünf Jahre später war der Bauplatz der geplanten atomaren Wiederaufarbeitungsanlage (WAA) im bayerischen Wackersdorf Schauplatz von zwei längeren Besetzungsaktionen. Die WAA konnte schließlich verhindert werden.

In der Atompolitik wurden und werden immer wieder Gesetze so hingebogen, dass sie nicht mehr den Interessen der Bevölkerung, sondern nur noch der Atomin-

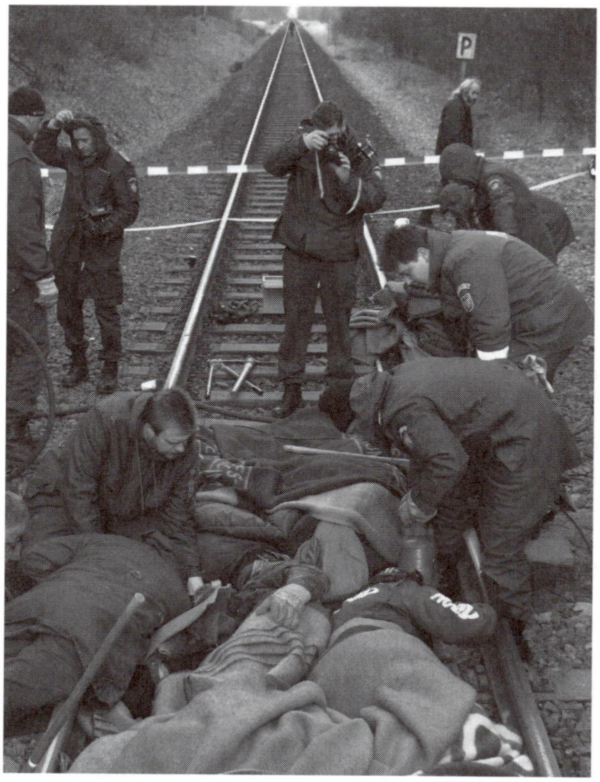

dustrie dienen. So entstand der Slogan: „Wo Recht zu Unrecht wird, wird Widerstand zur Pflicht". Im Kampf gegen die AKWs war die Gewissensabwägung, ob und wann Ungehorsam „erlaubt" sei, weit weniger gründlich als in der Friedensbewegung ab Beginn der 80er Jahre. Denn viele Aktive haben aus direkter Betroffenheit ganz selbstverständlich ein Widerstandsrecht in Anspruch genommen und mussten gar nicht lange überlegen, ob denn die strengen Kriterien für Regelverletzungen schon erfüllt sind.

1988 ging das letzte AKW ans Netz, Neubauten waren nach der Tschernobyl-Katastrophe nicht mehr durchzusetzen. Jetzt verlagerte sich die Auseinandersetzung immer mehr auf das Atommüllproblem und hier auf die Castor-Transporte, allerdings immer mit dem Ziel, die laufenden Reaktoren möglichst schnell

Kohlhaas unter den Castorgegnern

stillzulegen. Platzbesetzungen wurden abgelöst durch Blockadeaktionen.

Auch hier stand eigentlich nie in Frage, ob es legitim ist, auf der Strecke eines Atommülltransportes zu demonstrieren, sei es Schiene oder Straße. Deutlich wird dies beispielsweise 1995 in einer öffentlichen Ankündigung des Lüchow-Dannenberger Landrates und von 17 Bürgermeistern der Region, sich trotz Demonstrationsverbotes dem Castor-Transport in den Weg zu stellen. Oder anders ausgedrückt: Im Wendland ist es gute Tradition, dass sich kein Mensch an Versammlungsverbote hält.

Ebenfalls im Gorleben-Protest hatte eine weitere Aktionsform 1995 Premiere: Die gewaltfreie Schienendemontage. Auf dem Zubringergleis zum Castor-Verladekran in Dannenberg wurden mehrmals öffentlich Schienen zersägt. Die Beteiligten hatten dies vorher unter Nennung ihres Namens in einer Zeitungsanzeige angekündigt. Hier wird also nicht mehr nur die Aktion selbst zum politischen Druckmittel, sondern bereits die öffentliche Erklärung der Bereitschaft zur Aktion.

Die Castor-BlockiererInnen sind inzwischen zum Teil hochspezialisiert. Da gibt es die wendländischen Bäuerinnen und Bauern mit ihren Treckern, die immer wieder auf die Strecke gelangen. Da wurden technische Möglichkeiten entwickelt, wie auch kleine Gruppen den Transport möglichst lange aufhalten können, sei es durch das Anketten an ein betongefülltes Fass auf der Straßenstrecke, sei es durch Festschließen an Schienen oder Balanceakten auf Seilen, die in luftiger Höhe quer über Schiene und Straße gespannt sind. Am spektakulärsten war sicher die Aktion 2001 zwischen Lüneburg und Dannenberg, als vier AktivistInnen, die sich in einem Betonblock unter den Schienen angekettet hatten, den Castor-Zug und eine Polizei-Armada von 30.000 BeamtInnen 17 Stunden aufhielten. Inzwischen werden Ankettaktionen beim jährlichen Atommüllzug ins Wendland und bei den weitaus zahlreicheren Castor-Transporten von den Atomkraftwerken zu den Wiederaufarbeitungsanlagen ins Ausland überall auf den Schienenstrecken quer durch die Republik durchgeführt, wobei die Aktionsgruppen immensen Aufwand betreiben, um keine/n der AktivistInnen zu gefährden. [...]

Erfreulich ist, dass sich Friedens- und Anti-Atom-Bewegung trotz der Unterschiede in ihrer Theorie und Praxis des zivilen Ungehorsams immer wieder gegenseitig „befruchten“. Die Gerichtsverhandlung als Teil des politischen Konflikts zu begreifen und zu nutzen und vor Gericht offensiv den Ungehorsam zu vertreten, das haben viele Anti-AKW-Bewegte von der Friedensbewegung gelernt. [...]

Die Auseinandersetzung um Atomenergie ist noch längst nicht beendet. Der angebliche „Atomausstieg“ von Rot-Grün bringt weitere 20 Jahre Betriebszeit für die Reaktoren und verdreifacht die bisher angefallene Atommüllmenge, obwohl es noch immer weltweit kein sicheres Endlager gibt. CDU und FDP reden sogar von neuen AKWs. So wird also auch die Anti-Atom-Bewegung noch gebraucht und der zivile Ungehorsam wird weiter eine große Rolle in diesem Konflikt spielen. Ganz nach dem Motto von 253 Lüchower SchülerInnen, die in einer Zeitungsanzeige erklärten: „Wenn ihr unser Leben nicht achtet, achten wir eure Gesetze nicht, denn die Gesetze schützen die Atomindustrie und nicht das Leben.“

(http://www.friedenskooperative.de/ff/ff04/5-73.htm)

Aufgaben:

1. Diskutieren Sie: Wo liegen Gemeinsamkeiten, wo Unterschiede zwischen den Castorgegnern und Michael Kohlhaas?
2. Verfassen Sie aus Sicht Michael Kohlhaas' einen Zeitungskommentar zu den Ereignissen aus der Zukunft.
3. Inwieweit könnten die Castorgegner sich auf dieses Widerstandsrecht berufen?

   In Artikel 20 GG sind die Staatsprinzipen der Bundesrepublik Deutschland niedergeschrieben (Rechtsstaat, Demokratie, sozialer Bundesstaat, Gewaltenteilung). In Absatz 3 heißt es „Gegen jeden, der es unternimmt, diese Ordnung zu beseitigen, haben alle Deutschen das Recht zum Widerstand, wenn andere Abhilfe nicht möglich ist.“

Anhang

Textquellen

Hier nicht aufgeführte Texte sind Originalbeiträge des Verfassers.

Seite 17 (KV 1 c)
Kafka, Franz: Schriften – Tagebücher. Kritische Ausgabe. Herausgegeben von Jürgen Born u. a. Band 2: Drucke zu Lebzeiten. Herausgegeben von Wolf Kittler u. a. Frankfurt/M.: Fischer Taschenbuch Verlag 2002, S. 267–269

Seite 18 (KV 1 c)
Kafka, Franz: Schriften – Tagebücher. Kritische Ausgabe. Herausgegeben von Jürgen Born u. a. Band 12: Tagebücher Herausgegeben von Hans-Gerd Koch, Michael Müller und Malcolm Pasley. Frankfurt/Main: Fischer Taschenbuch Verlag 2002, S. 610 f.

Kafka, Franz: Briefe an Felice und andere Korrespondenz aus der Verlobungszeit. Herausgegeben von Erich Heller und Jürgen Born. Frankfurt/Main: Fischer Taschenbuch Verlag 1976, S. 291 f.

Seite 37 (KV 3 d)
Quelle: *http://www.tr62.de/1/scharf5.html*

Seite 48 (KV 4 f)
Tieck, Ludwig: Vorrede zu Kleists Hinterlassenen Schriften, 1821. In: Sembdner, Helmut (Hrsg.): Heinrich von Kleists Nachruhm. Eine Wirkungsgeschichte in Dokumenten. Bremen 1967, S. 582
Brüder Grimm: Unbekannte Rezensionen. Zit. n. Sembdner, Helmut (Hrsg.) Heinrich von Kleist. Beiträge zur Forschung. München 1974, S. 235
Brand, Tilman von: Heinrich von Kleist, Michael Kohlhaas. Reihe Oldenbourg Interpretationen. München: Oldenbourg Schulbuchverlag 2007, S. 62
Blöcker, Günter: Heinrich von Kleist oder: Das absolute Ich. Frankfurt 1977, S. 182
Wiese, Benno von: Die deutsche Novelle von Goethe bis Kafka. Düsseldorf 1960, S. 60
Mehring, Franz: Heinrich von Kleist. In: Ders.: Aufsätze zur deutschen Literaturgeschichte. Frankfurt 1972, S. 171
Kollektiv für Literaturgeschichte (Hrsg.): Zwischen Klassik und Romantik. Erläuterungen zur deutschen Literatur. Berlin [8]1977, S. 190 f.
Müller, Richard M.: Kleists „Michael Kohlhaas“. In: Deutsche Vierteljahresschrift für Literaturwissenschaft und Geistesgeschichte Nr. 44/1970, S. 119

Seite 49 (KV 5 a)
Kant, Immanuel: Kritik der praktischen Vernunft. Herausgegeben von Horst D. Brandt und Heiner F. Klemme. Hamburg: Meiner Verlag 2003
Luther, Martin: Luther deutsch. Die Werke Martin Luthers. Herausgegeben von Kurt Aland. Band 7: Der Christ in der Welt. Stuttgart: Ehrenfried Klotz/Göttingen: Vandenhoeck & Ruprecht [2]1967

Seite 50 (KV 5 b)
D. Martin Luthers Werke. Kritische Gesamtausgabe. Luthers Briefwechsel, Bd. 7. Herausgegeben von O. Clemen. Weimar 1937, S. 124/125

Seite 53 (KV 5 c)
Ökumenisches Heiligenlexikon, www.heiligenlexikon.de/Biographien/Michael.htm

Seite 63–65 (KV 7 a)
Text 1: Berliner Abendblätter. Hrsg. Von Heinrich von Kleist. Nachwort und Quellenregister von Helmut Sembdner. Wiesbaden: VMA-Verlag, o. J., S. 215–217
Text 2: Jakob, Ludwig Heinrich : Antimachiavel, oder über die Grenzen des bürgerlichen Gehorsams. Auf Veranlassung zweyer Aufsätze in der Berl. Monatsschrift von den Herren Kant und Genz. Halle: Rengersche Buchhandlung 1794, S. XVIII–XX, S. 80, S. 113–116

Text 3: Müller, Adam H.: Die Elemente der Staatskunst. Mit einer Einführung, erklärenden Anmerkungen und bisher ungedruckten Originaldokumenten versehen von Dr. Jakob Baxa. 1. Halbband. Jena: Gustav Fischer 1922, S. 26, 28 f.

Seite 67 – 69 (KV 7 b)

Text 1: Friedrich von Schiller an K. v. Beulwitz am 10. 12. 1788. In: Schiller, Friedrich: Werke und Briefe in 12 Bänden. Herausgegeben von Gerhard Kluge. Band 6/I: Historische Schriften und Erzählungen I. Herausgegeben von Otto Dann. Frankfurt/Main: Deutscher Klassiker Verlag 2002, S. 750

Text 2: Auszug aus der Maerckischen Chronik von Peter Hafftitz. Zit. n. Bogdal, Klaus-Michael: Heinrich von Kleist: Michael Kohlhaas. München 1981, S. 76 – 81

Seite 73 – 74 (KV 8 a)

Skrotzki, Ditmar: Ist Kleists Erzählung vom Kohlhaas wirklich die Geschichte des Rebellen Kohlhaas? Oder: Wie stoppt man den Teufel, der auf zwei Rappen durch Sachsen reitet? In: Heilbronner Kleist-Schriften. Heft 3, 1993

Bartsch Günter: Anarchismus in Deutschland. Bd. I 1945 – 1965. Hannover 1972. Zit. n. Gerth: Vom preußischen Helden zum Terroristen. „Michael Kohlhaas“ in der Rezeptionsgeschichte. In: Praxis Deutsch Nr. 100/1990, S. 62

Bloch, Ernst: Über Rechtsleidenschaft innerhalb des positiven Gesetzes. In: Ders.: Naturrecht und menschliche Würde. Frankfurt/M. 1977. Zit. n. Bogdal, Klaus-Michael: Heinrich von Kleist: Michael Kohlhaas. München 1981, S. 105

Ihering, Rudolf von: Der Kampf ums Recht. Wien 1874 (Reprint: Darmstadt 1963). Zit. n. Bogdal a. a. O., S. 103

Cassou, Jean: Kleist et le somnambulisme tragique. In: Cahiers du Sud Mai/Juni 1937. Zit. n. Hamacher, Bernd: Heinrich von Kleist: Michael Kohlhaas. Erläuterungen und Dokumente. Stuttgart 2003, S. 104

Seite 75 (KV 8 b)

Gerth, Klaus: Michael Kohlhaas – eine deutsche Symbolfigur? In: Wunderlich, Werner (Hrsg.): Literarische Symbolfiguren. Von Prometheus bis Švejk. Beiträge zu Tradition und Wandel. Bern und Stuttgart 1989, S. 161 – 188, hier: S. 187

Seite 82 (KV 10 c)

Loy, Johannes: Pferdehändler wird Autonomer http://www.mv-online.de/aktuelles/kultur/nachrichten/Pferdehaendler_wird_Autonomer.html

Seite 83 (KV 10 d)

Büchse, Nicolas: Falsch gelandet. In: DER SPIEGEL 39/2008 http://www.spiegel.de/spiegel/0,1518,579622,00.html

Seite 84 – 85 (KV 10 e)

Stay, Jochen: Wo Recht zu Unrecht wird. Ziviler Ungehorsam in der Anti-AKW-Bewegung http://www.friedenskooperative.de/ff/ff04/5-73.htm

Alle Zitate und Stellenangaben aus Michael Kohlhaas beziehen sich auf die Ausgabe: Heinrich von Kleist: Michael Kohlhaas. Oldenbourg Textausgaben, München: Oldenbourg Schulbuchverlag 2009

Bildquellen

S. 17 akg images /Archiv Klaus Wagenbach
S. 19 Kleist-Archiv Sembdner, Heilbronn
S. 32 akg images/Cranach d. Ä.
Evangelisches Predigerseminar, Wittenberg
S. 33 akg images/Cranach d. Ä.
S. 34 Evangelisches Predigerseminar, Wittenberg
S. 38 Will Media GmbH
S. 39 iStockphoto.com
iStockphoto.com
fotolia/Robert Kneschke
S. 49 akg images/Rabatti-Domingie
akg Images/J. W. Becker
S. 53 J. de Cuveland/Arco Images
Staatliche Kunsthalle, Karlsruhe
S. 62 akg-images
S. 63 Heinrich von Kleist/Public Domain
Public Domain
S. 64 G. Kügelgen/Public Domain
S. 67 akg images/G. Kügelgen
S. 73 Teamtheater, München/Stephan Rumpf
Thomas M. Jauk/stagepicture
Landestheater Linz/Christian Brachwitz
Münchener Volkstheater/David Baltzer
S. 74 Theater Wagbunt/Gallus-Projekte
Bühne Wittenberg
S. 76 Diogenes Verlag
S. 80 alle Bilder: defd
S. 81 defd
defd
pwe Kinoarchiv
Cinetext Bildarchiv
S. 82 Michael Hörnschemeyer, Münster
S. 83 Harz Kurier, Osterode (Ausriss)
Wolfgang Böttner
S. 84 picture alliance/dpa

Bild- und Textquellen

Trotz entsprechender Bemühungen ist es nicht in allen Fällen gelungen, den Rechteinhaber ausfindig zu machen. Gegen Nachweis der Rechte zahlt der Verlag für die Abdruckerlaubnis die gesetzlich geschuldete Vergütung.

Sämtliche in diesem Buch aufgeführten Internetadressen beziehen sich auf den Stand August 2009.